AF564879

आत्मविश्वास
Self Confidence

Personality Development
व Self Help की लोकप्रिय पुस्तकें

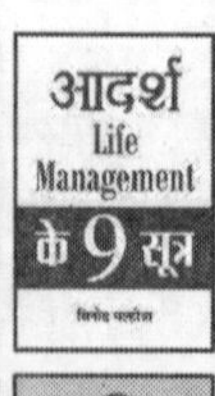

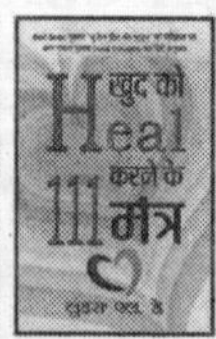

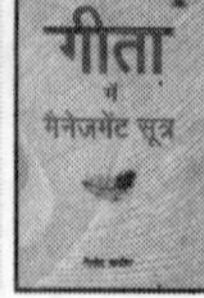

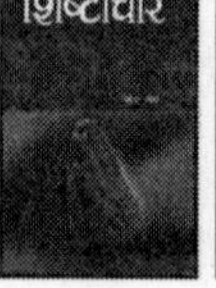

आत्मविश्वास
Self Confidence

आत्मविश्वास वृद्धि के **Golden Rules**

प्रो. पी.के. आर्य

प्रकाशक • **प्रभात प्रकाशन प्रा. लि.**
4/19 आसफ अली रोड,
नई दिल्ली–110002

संस्करण • 2022
मूल्य • दो सौ रुपए
मुद्रक • नरुला प्रिंटर्स, दिल्ली

ATMAVISHWAS (Self Confidence) *by* Prof. P.K. Arya
Published by Prabhat Prakashan Pvt. Ltd.,
4/19 Asaf Ali Road, New Delhi-2
e-mail: prabhatbooks@gmail.com
ISBN 978-93-5048-36-4 ₹ 200.00

विषय-सूची

आत्मविश्वास बढ़ाने के 7 गुरुमंत्र

1. आत्मविश्वास का पहला गुरु मंत्र :
आत्मविश्वास का महत्त्व 8

2. आत्मविश्वास का दूसरा गुरु मंत्र :
मानसिक संवेगों से प्रभावित होता है आत्मविश्वास 23

3. आत्मविश्वास का तीसरा गुरु मंत्र :
रचनात्मकता से बढ़ता है आत्मविश्वास 34

4. आत्मविश्वास का चौथा गुरु मंत्र :
साहस से बढ़ता है आत्मविश्वास 44

5. आत्मविश्वास का पाँचवाँ गुरु मंत्र :
असफलता और आत्मविश्वास 54

6. आत्मविश्वास का छठा गुरु मंत्र :
सर्वप्रियता बढ़ाता है आत्मविश्वास 64

7. आत्मविश्वास का सातवाँ गुरु मंत्र :
आत्मविश्वास आत्मा का आश्रय 75

आत्मविश्वास हमारे उत्साह को जगाकर हमें जीवन में महान् उपलब्धियों के मार्ग पर ले जाता है।

—अमृतलाल नागर

1

आत्मविश्वास का महत्त्व

सर्वप्रथम आत्मविश्वास करना सीखो।

—स्वामी विवेकानंद

जीवन में सफलता अर्जित करने के लिए आत्मविश्वास सबसे पहली व अनिवार्य शर्त है। आपको अपने गिरेबान में झाँककर देखने तथा फिर खुद पर यकीन करने का हौसला पैदा करना होगा फिर कोई ताकत नहीं है जो आपको आपके लक्ष्य से डिगा दे। कामयाबी के बुलंद आसमान पर उपलब्धि भरे हस्ताक्षरों के रूप में निश्चित रूप से आप चमकेंगे। अपनी कीमत जानिए तो सही।

चीन की एक लोकप्रिय कहावत है कि जो अपनी कीमत

नहीं लगा सकता वह दूसरे की कीमत भी नहीं जान सकेगा। अतः हमें अपने महत्त्व को पहचानना चाहिए।

ऐसे लोग जिनमें आत्मविश्वास की कमी होती है, वे अपने लक्ष्य की प्राप्ति के लिए भरे मन से प्रयास करते ही नहीं। संकोच करते रहने तथा सहमे-सहमे रहने वालों की किस्मत में सफलता नहीं होती।

प्रख्यात लेखक स्वेट मार्डेन कहा करते थे कि 'आत्मनिर्भरता और आत्मविश्वास सदा से मित्रता, वंश, सिफारिश तथा धन से अधिक प्रभावशाली रहे हैं। संसार में आत्मविश्वास सर्वोत्तम पूँजी है। इससे अधिकांश बाधाएँ दूर हो जाती हैं, अधिकतर कठिनाइयों पर विजय प्राप्त होती है। आत्मविश्वास द्वारा जितने महान् साहस के कार्य संपन्न होते हैं, उतने अन्य किसी भी मानवीय गुण के कारण नहीं होते।'

वे लोग जो आत्मविश्वास की जीती-जागती मिसाल हैं, वे इतिहास बन जाते हैं। आपको लोकप्रिय टी.वी. सीरियल 'कौन बनेगा करोड़पति' में खेलने वाले कोलकाता के मामूली से साड़ी विक्रेता रमेश चंद्र दुबे का प्रसंग याद होगा।

जो इस सीरियल के सूत्रधार अमिताभ बच्चन से सहज वार्तालाप करते हुए कुछ ही क्षणों में पचास लाख रुपये जीतकर ले जाते हैं। जिसने भी यह कड़ी देखी उसी ने रमेश चंद्र दुबे के आत्मविश्वास की सराहना की। वास्तव में यह

उनका आत्मविश्वास ही था, जिसने पलक झपकते ही उन्हें फर्श से अर्श तक पहुँचा दिया था। इसे कहते हैं आत्मविश्वास का चमत्कार।

इसी शृंखला में दूसरी कड़ी का नाम है हर्षवर्द्धन नवाठे जो बेहद संयत व सौम्य रहकर के.बी.सी. के सभी सवालों के जवाब देते हैं। आत्मविश्वास से लबरेज यह युवक भारतीय टेलीविजन के इतिहास में एक करोड़ रुपये के जैकपॉट को जीतने वाला प्रथम नागरिक बना। इस सबके पीछे आत्मविश्वास की जबरदस्त ऊर्जा कार्य कर रही थी।

आत्मविश्वास की पूँजी

बौना कद सूखी लकड़ी सी टाँगे उनमें भी लँगड़ाहट, कंधे ढलके तथा कूबड़ निकला हुआ, कुल मिलाकर अजीबोगरीब शक्ल-सूरत का था वह लड़का। कार्ल स्टीन मिट्ज दसवीं कक्षा में जब प्रथम स्थान पर आया तो उसकी बदसूरती और कुबड़ेपन के कारण उसे सबके साथ सनद नहीं लेने दी गई। विद्यालय के लोग ऐसे लड़के का पहले नंबर पर पास होना स्कूल की बदनामी समझते थे। अच्छी पोशाक पहने जब कार्ल स्टीन मिट्ज को समारोह में नहीं जाने दिया गया तो वह बहुत रोया। उसके पिता ने धैर्य बँधाते हुए कहा, 'तुम दुःखी क्यों होते हो, तुम्हारा शरीर ही तो

खराब है, दिमाग तो बहुत बढ़िया है। तुम्हारे पास आत्मविश्वास की अमूल्य संपदा है, इन सब गुणों से शरीर की कमी को पूरा करो।' कार्ल ने आँसू पोंछ डाले।

उसने बहुत सी खोजें कीं। विज्ञान की दुनिया में कार्ल स्टीन मिट्ज का नाम बहुत ऊँचा है। उसी की खोजों से बिजली की मशीनों का युग शुरू हुआ।

वे लोग जिनके मन में आशा के फूल-ही-फूल खिले हुए हैं, जिनके मस्तिष्क में शुभ व सकारात्मक विचारों की सुगंध रची-बसी है, आज नहीं तो कल सफलता निश्चित रूप से उनके कदम चूमेगी। वे लोग जो जीवन में सफल होने के सपने देखते हैं तथा जिनके हृदय आत्मविश्वास के खजाने से लबरेज हैं, उन्हें नकारात्मक विचारों से सदैव बचना चाहिए। साथ ही ऐसे व्यक्तियों से भी दूर रहें जो आपको हमेशा हतोत्साहित करने की फिराक में रहते हों। समाज में ऐसे बहुत से लोग मिल जायेंगे, जो खुद तो परिश्रम करना नहीं चाहते, दूसरों को भी किसी लक्ष्य विशेष की साधना में तल्लीन देखकर मन-ही-मन कुढ़ते रहते हैं। ऐसे 'शुभचिंतकों' से बचिए। वे न तो स्वयं ही जीवन में कुछ बन पाए हैं और न ही किसी और को कुछ बनते देख राजी होंगे।

हम चेतन मन एवं विचारों से अपने अवचेतन विचारों, विश्वासों एवं अनुभवों को नियंत्रित कर सकते हैं। विचारों के

निर्माता हम ही हैं। अतः हमें इन पर नियंत्रण रखना आना चाहिए। मात्र विचार बदलने से ही जीवन नियंत्रण की प्रक्रिया की शुरुआत हो जाती है। यदि हम सोचने लगे कि हम स्वयं ही अपने भाग्य विधाता एवं निर्माता हैं, तो वास्तव में ऐसा होना प्रारंभ हो जाएगा। विश्वास से बड़ी कोई शक्ति नहीं है।

पक्का इरादा बड़े-से-बड़े कार्य को छोटा बना देता है। आत्मविश्वास स्वयं अपने आप में आस्था है। जब भी हम अपने मन में इस संकल्प को दोहराते हैं कि 'मैं अमुक कार्य को कर डालूँगा' तो आप निश्चित मानिए आधा काम तो तभी पूर्ण हो जाता है। आत्मविश्वास बाधाओं की तेज आँधी में भी अपने मार्ग पर डटे रहने की शक्ति का आधार है। यह सर्वमान्य सत्य है कि ऐसी कोई मुश्किल नहीं जिसका कि कोई हल न हो सके। बाधाएँ अपने संग समाधान के संकेत भी लेकर आती हैं।

अपने प्रगति पथ पर निरंतर आगे बढ़ते रहने वाले आत्मविश्वासी व्यक्तियों के लिए मदद के अनसोचे व अनचाहे झरने बहते हैं। अनापेक्षित व्यवधानों के चलते यदि थोड़ी सी देर के वास्ते रुकना या पीछे हटना भी पड़े तो कोई हताश होने की आवश्यकता नहीं। आत्मविश्वास के धनी मनुष्यों को पता है कि जरा पीछे हटकर पुनः दौड़ लगाकर कूदने से ही लंबी छलाँग लगाई जा सकती है। लक्ष्य प्राप्ति

के मार्ग के तहत यदि थोड़ा सा पीछे हटना भी पड़े तो वह संघर्ष में विजय प्राप्ति हेतु व्यूह रचना का एक अंग है।

किसी भी खेल में एक बाजी हारने को हारना नहीं कहते। हिम्मत हारने का नाम हारना है। तभी तो कहा भी गया है—'हिम्मते मर्दां, मददे खुदा।'

जो स्वयं हिम्मत करते हैं उनकी मदद ईश्वर करता है।

सत्य तो यह है विचार शक्ति का अभाव, निराशा, अनिश्चय और भय से उद्विग्न रहना, आत्मविश्वास की कमी और काहिली ने भी हमें दरिद्र बना रखा है। यदि आप धनवान बनने का प्रयत्न कर रहे हैं और आपने अपनी योग्यता और शक्ति को पूर्ण रूप से संपत्तिवान बनाने में लगा रखा है, तो फिर दरिद्रता तथा अभाव का नाटक क्यों? आप अपनी मनोवृत्ति को धनिकों-जैसी बनाइए।

अपने हृदय को विशाल बनाइए और धनी आदमी जैसी ही आदतें बनाइए। आपकी किसी भी चेष्टा से दूसरों पर गरीबी प्रकट नहीं होनी चाहिए। आपके चारों ओर का वातावरण जब तक दरिद्रता तथा अभाव की दूषित वायु से प्रदूषित रहेगा, तब तक दूसरे लोगों पर आपके दरिद्र होने का ही प्रभाव पड़ेगा। ऐसी दशा में आपकी कोई साख नहीं बन सकेगी और न ही आप समृद्धि को, ऐश्वर्य को अपनी और आकर्षित करने में सफल हो पाएँगे।

मशहूर है कि जैसे ही लोमड़ी की मीठी बातों के लोभ में आकर चिड़िया मुँह खोलती है, वैसे ही चोंच में अटके हुए रोटी के टुकड़े को खो देती है। जब आप अपने अभावों का रोना रोते हैं, तो जैसे आप ढोल पीट-पीटकर लोगों को बताते हैं कि आप गरीब हैं। 'मैं तो बहुत ही दरिद्र हूँ, मेरी कार्य शक्ति बिल्कुल शून्य है। जैसा दूसरे कर रहे हैं, वह मैं हरगिज नहीं कर सकता। मैं कभी अमीर नहीं बन सकता।

मुझमें वे विशेषताएँ नहीं, जो अन्य लोगों में है। मैं सदा ही असफल रहा हूँ, मेरा भाग्य कभी साथ नहीं देता'—यदि आपकी विचारधारा इसी रूप में बह रही है तो समझ लीजिए कि अपने मार्ग में आप स्वयं ही झाड़-झंखाड़ खड़े कर रहे हैं। ऐसा कर आप न सिर्फ अपनी शांति और संतोष गँवा रहे हैं, बल्कि बीमारियों, कष्टों और भाग्यहीनता को भी निमंत्रण दे रहे हैं।

जीवन में आत्मविश्वास का कोई विकल्प नहीं। यह वो मास्टर चाबी है, जो सभी मनुष्यों के लिए भाग्यरूपी महल के स्वर्णद्वारों को खोलने का काम करती है। ध्यान रखिए सबसे पहले हमारी सोच बड़ी बनती है, उसके बाद हम।

आत्मविश्वास का कोई विकल्प नहीं

आत्मविश्वास एक ऐसा प्रकाश है, जो भयंकर अंधकार

में भी हमें उचित मार्ग दिखाता है। आत्मविश्वास के कारण ही सफलता मिलती है तथा सफलता का पूरक आत्मविश्वास है। जब भी हम कोई कार्य प्रारंभ करते हैं, तो उसमें सफलता की पूरी-पूरी गारंटी हमें कतई नहीं मिल सकती। हाँ, कार्य पूर्ण रूप होने तक मार्ग में आत्मविश्वास का दामन यदि हमने नहीं छोड़ा तो सफलता की संभावनाएँ निश्चित रूप से बढ़ जाती हैं। यहाँ यह भी जान लेना बेहद जरूरी है कि सफलता से ही आत्मविश्वास बढ़ता है। हमारे कार्यों तथा प्रयासों में सफलता की सुखद अनुभूतियाँ हमारे आत्मविश्वास को बढ़ाती हैं। पैसे की तरफ से आत्मनिर्भरता, संपूर्ण स्वास्थ्य, सौंदर्य, भौतिक सुख-सुविधाएँ, उपलब्धियाँ, शांतिपूर्ण जीवन हमारे आत्मविश्वस को पंख लगाने वाले तत्त्व हैं। बहुत से लोग जो जीवन की सच्चाई से आँखें चार करते हैं तथा मुश्किलों से दोस्ती का जिन्हें जुनून रहता है, वे भी आत्मविश्वास के धनी पाए जाते हैं। सीधे, सच्चे तथा अच्छे लोगों में भी भरपूर आत्मविश्वास होता है।

गलत कार्यों में लगे रहने वाले, आपराधिक मामलों में संलिप्त, फर्जी हथकंडों से उन्नति करने वाले, कम शिक्षित, झूठे, मक्कार व स्वार्थी लोगों में आत्मविश्वास की ऊर्जा नहीं होती। आत्मविश्वास के धनी व्यक्ति जहाँ-जहाँ जाते हैं, सभी के दिलों पर राज करते हैं। लोगों का उन पर विश्वास होता

है। सभी उन पर भरोसा करते हैं। वे जो चाहते हैं मामूली से प्रयासों से प्राप्त कर लेते हैं। तभी तो कहा भी गया है-

"खुदी को कर बुलंद इतना
कि हर तकदीर से पहले,
खुदा बंदे से खुद पूछे
बता तेरी रजा क्या है?"

हमारे आत्मविश्वास को बढ़ाने में दो तरह के कारण महत्त्वपूर्ण भूमिका निभाते हैं। एक 'अनर्जित कारक' अर्जित किए जाने वाले कारकों में शिक्षा-दीक्षा, व्यावसायिक उपलब्धियाँ, खानपान, नौकरी अथवा व्यापार में अर्जित कामयाबी, किसी विशेष गुण, शौक अथवा प्रतिभा का विकास शामिल हैं, जबकि अनर्जित कारकों में पारिवारिक स्थिति, शारीरिक सौंदर्य, सामाजिक वातावरण, जाति, धर्म, लिंग व संप्रदाय आदि आते हैं।

प्रायः अर्जित की जा सकने वाली दशाओं को आत्मविश्वास की वृद्धि के लिए अधिक महत्त्वपूर्ण माना जाता है। यह इसलिए भी उचित जान पड़ती है कि सामाजिक व संवैधानिक दृष्टिकोण से इसके लिए हम पात्रता भी रखते हैं।

बहुत से मनोवैज्ञानिकों का मानना है कि व्यक्तित्व

निर्माण तथा आत्मविश्वास के उन्नयन में अर्जित तथा अनर्जित दोनों कारकों की महत्त्वपूर्ण भूमिका होती है। भले ही हम अर्जित कारकों को ज्यादा सामाजिक महत्त्व देते हैं। लेकिन फिर भी ये दोनों कारक पूर्णतया अलग नहीं हैं।

अच्छा व्यक्तित्व अर्जित करके हम शारीरिक सौंदर्य की कमी को पूरा कर सकते हैं। इसी भाँति उच्च पारिवारिक स्थिति होने पर भी क्षणात्मक मनःस्थिति हमारे आत्मविश्वास को घटाने का कार्य करती है। मनुष्य हेतु आत्मविश्वास को बनाए रखने के दो मार्ग हैं, एक तो वह जो पाना चाहता है, उसे प्राप्त कर ले अथवा अपनी अपेक्षाओं-आकांक्षाओं में कटौती कर ले। आत्मविश्वास सिर्फ एक मानसिक स्थिति (अवस्था) के रूप में प्रकट नहीं होता, अपितु व्यक्ति के बाह्य व्यक्तित्व में भी परिलक्षित होता है।

जो व्यक्ति आत्मविश्वास से भरे हैं, उनकी बोलचाल, उठने-बैठने, रहन-सहन अन्य क्रियाकलापों से भी उसकी झलक अभिव्यक्त होती है।

जो मनुष्य आत्मविश्वास की उच्च अवस्था को प्राप्त होते हैं, उनकी मानसिक क्षमताएँ व कुशलताएँ खुद-ब-खुद बढ़ जाती हैं। उनके फैसलों में विश्वास की खनक होती है, जबकि आत्मविश्वासहीन व्यक्ति किंकर्त्तव्यविमूढ़ होकर बिना पैंदी के लोटे की भाँति इधर से उधर लुढ़कते रहते हैं।

आत्मविश्वास की कमी तथा निराशा से पूर्ण मानसिक अवस्था हमारे स्वास्थ्य व सौंदर्य पर भी प्रतिकूल प्रभाव डालती है। इससे अनेक मनोवैज्ञानिक विकृतियाँ भी उत्पन्न हो जाती हैं। नींद में कमी, भूख न लगना, किसी भी कार्य में मन न लगना तथा चिड़चिड़ापन व खीझ आत्मविश्वास की कमी से ही उत्पन्न होते हैं। आत्मविश्वास पैदा करने के लिए अनिवार्य तत्त्व यह भी है कि हमें खुद अपना महत्त्व आँकना आना चाहिए। कोई भी मनुष्य पैदा होते समय अधिक या कम आत्मविश्वास लेकर नहीं आता। हमारा स्वयं का कृतित्व, व्यक्तित्व तथा हमारे मन, मस्तिष्क व जीवन को प्रभावित करने वाले कारक ही हमारी इस ऊर्जा को घटाने या बढ़ाने का काम करते हैं।

बहुत से लोग जिनके जीवन के शुरुआती पारिवारिक अनुभव पूरे तौर पर धनात्मक या ऋणात्मक रहे हों, अपने बाद के जीवन में आत्मविश्वास की कमी के अधिक शिकार हो जाते हैं। यह इसलिए भी होता है कि क्योंकि पूर्ण रूप से धनात्मक अनुभव वाला बच्चा जब बड़ा होकर अपने सामाजिक जीवन में ऐसी ही इच्छाएँ धारण करता है, तो उन्हें पाने में नाकामयाब हो जाता है। इसी तरह नकारात्मक अनुभवों वाला बालक समाज में स्वयं को हीन मानकर लोगों से ठीक से घुल-मिल नहीं पाता और आत्मविश्वास की कमी

का शिकार हो जाता है।

यहाँ यह भी जान लेना बेहद जरूरी है कि जब तक हम खुद के व्यक्तित्व तथा उपलब्धियों को महत्त्व प्रदान करना नहीं सीखेंगे, तब तक बाहरी लोगों द्वारा दी गई मान्यताएँ भी हममें आत्मविश्वास पैदा करने में नाकाम रहेंगी। दुष्यंत कुमार की जुबानी कहें तो—

'कौन कहता है आसमां में सुराख हो नहीं सकता?
एक पत्थर तो तबियत से उछालो यारो।'

जिस काम को पूरा करने में, जिसके विषय में आपको अपनी शक्तियों पर पूरा विश्वास होता है, आप उसी काम को कर सकते हैं। जो व्यक्ति यह सोचता है कि संसार में सभी व्यक्ति धनी नहीं हो सकते और अधिकांश व्यक्तियों को गरीब ही रहना पड़ेगा और मैं भी उन्हीं में से एक हूँ, तो वह व्यक्ति कभी भी धनी नहीं हो सकता। आपने प्राय: देखा होगा कि अधिकांश व्यक्ति कॉलेज से पहले ही पढ़ाई छोड़ बैठते हैं। इसका एक ही कारण उनका यह सोचना है कि वह इस योग्य कहाँ?

भला सोचिए, इस प्रकार के विचारों को मन में लाकर यदि कोई व्यक्ति कॉलेज जाता है, तो वह कितना भी अधिक धन खर्च करे, कितने भी लोग उसकी सहायता करें, उसके

सामने कितने सुअवसर आएँ, लेकिन वह परीक्षा में उत्तीर्ण नहीं हो सकता, वह प्रगति नहीं कर सकता, क्योंकि उसमें आत्मविश्वास का अभाव है, उसको अपनी योग्यता पर संदेह है। जो नवयुवक यह सोचते हैं कि वे कभी अफसर नहीं बन सकते, वाकई कभी अफसर नहीं बन सकेंगे।

उनके लिए तो क्लर्क की कुर्सी ही खाली है। ठीक है कि कुछ व्यक्ति जोश में आकर वकील, डॉक्टर या व्यापारी बनने का निश्चय करते हैं, पर उनमें दृढ़ संकल्प नहीं होता, उनमें स्थिरता नहीं होती, उनका निश्चय डगमगाता रहता है, इसलिए वे कुछ भी नहीं बन पाते हैं, उन्हें अवसर मिला था कि वे दृढ़ निश्चयपूर्वक अपने उद्‌देश्य को चुनते और उसे पूरा करते। इसके लिए चाहे उन्हें रात-रात जागना पड़ता, चाहे कितना कठोर परिश्रम करना पड़ता, वे करते तो संभव था कि वे सफल होते, तब यदि चाहते तो अपनी दुनिया को बदल सकते थे। लेकिन उस समय उन्होंने अपनी जिम्मेदारी नहीं समझी, उस समय वे लापरवाह रहे, उस समय उन्होंने नहीं सोचा कि कठोर परिश्रम करें, फलस्वरूप वे सफल नहीं हो सके।

ऐसे भी नौजवान हैं, जो अपने उत्साह और उल्लास से भर कर अपने कार्य-व्यापार में लगे रहते हैं। उनका निश्चय अटल होता है। सतत् प्रयत्न करना उनका स्वभाव बन जाता

है। ऐसे ही नवयुवक उन्नति के शिखर पर पहुँच जाते हैं। महान् तथा सफल लोगों का विश्लेषण कीजिए, उनके महान् बनने का पहला कारण होगा—आत्मविश्वास और सिर्फ आत्मविश्वास।

□

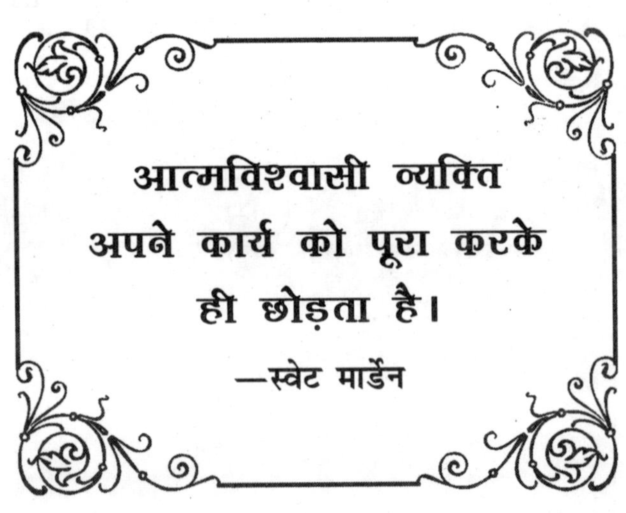

आत्मविश्वासी व्यक्ति
अपने कार्य को पूरा करके
ही छोड़ता है।

—स्वेट मार्डेन

2

मानसिक संवेगों से प्रभावित होता है आत्मविश्वास

आत्मविश्वास, आत्मज्ञान और आत्मसंयम, केवल यही तीन तथ्य जीवन को परम शक्ति संपन्न और सफल बना देते हैं।

—टेनिसन

हमारे मन में कई तरह के संवेग उठते रहते हैं। यही मानसिक संवेग हमारी कार्य प्रणाली, जीवन शैली, सोच-विचार तथा हमारे आत्मविश्वास को प्रभावित करते हैं।

संवेगों को मुख्यतः दो श्रेणियों में रखा गया है—

1. नकारात्मक संवेग
2. सकारात्मक संवेग

नकारात्मक संवेगः नकारात्मक अथवा निराशाजनक संवेगों के अंतर्गत-ईर्ष्या, द्वेष, चिंता, तनाव, दुःख, भय, हीनभावना, क्रोध, असुरक्षा, हिंसा, लोभ, कपट, मोह, अहंकार, शोषण, दोषारोपण, अपराध, निंदा, आलस्य, असंयम, छल, प्रपंच, षड्यंत्र तथा दुर्भावना आदि भावनाएँ आती हैं।

सकारात्मक संवेगः सकारात्मक या आशाजनक संवेग हमें शांति, स्नेह, सौहार्द, प्रेम, आनंद, सुख, आत्मविश्वास, ईश्वर के प्रति श्रद्धा, त्याग, दान की भावना, कर्मठता, विनम्रता, प्रशंसा, समर्पण, गुणों का अनुकरण, समय का सदुपयोग, निर्भीकता, निष्पक्षता, उत्साह, संयम, सफलता आदि के मार्ग पर प्रशस्त करते हैं।

अब यहाँ यह सवाल पैदा होता है कि हम अपने विचारों को सकारात्मक अथवा आशाजनक कैसे बनाए रखें ताकि हमारे मानसिक संवेग सकारात्मकता की तरफ उन्मुख हो सकें? इसके लिए हमें अपने विचारों को शुद्ध रखना होगा। हमारी वैचारिक संपदा ही हमारी सबसे बड़ी पूँजी है। इसे सहेज कर रखिए, ये आपको औरों से अलग दिखने व बनने में बड़ी भारी भूमिका अदा करेगी। सकारात्मक मानसिकता हमारे जीवन के संपूर्ण पथ को आलोकित करती है।

हमारे विचार : अपने जीवन के कार्यकलापों को ठीक समझने के लिए हमें पहले विचारों के महत्त्व को समझना होगा। आखिरकार विचार है क्या?

हमारी हरदम यही इच्छा होती है कि आने वाले दिन सुखों से भरे हों। हम सबसे बेहतर जिंदगी के मालिक बनें। हमारे पास सुख-सुविधाओं के तमाम साधन हों, खूब धन-दौलत हो, हमारी अभी मृत्यु न हो। ये सब हमारे विचार ही तो हैं। हम जो भी नजरिया अख्तियार करते हैं, वास्तव में वह हमारा विचार ही तो है। इस वर्तमान का निर्वहन हमारे विचार ही तो हैं। इस समय के टलने के बाद हमारा भविष्य क्या और कैसा होगा? सबके पीछे विचार का प्रकाश छिपा है।

समाज में लोगों से हमारे ताल्लुकात कैसे हैं? कौन हमारे लिए बुरे हैं, कौन अच्छे हैं? सब विचारों का ही तो खेल है।

लोगों को अपना बना लेने की लालसा, सफलता प्राप्ति की कामना, सबके पीछे विचार का चक्र चलता रहता है। हमारे अच्छे तथा बुरे जीवन का निर्णय यह संसार या समाज नहीं करता, अपितु हमारे विचार करते हैं। हमारी समूची गतिविधियाँ, हमारे सपनों की समग्र दुनिया हमारे विचारों के इर्द-गिर्द परिक्रमा करती रहती है।

इसी विचार की महत्ता को वेदों में बार-बार प्रमाणित किया गया है—

पाकत्रा स्थन देवा, हृत्सु जानीथ मर्त्यम।
उप द्वयुं चा द्वयुं च वासवः॥

(ऋग्वदे-8/15-15)

अर्थात् जहाँ शुभ विचार हैं, वहाँ ईश्वर का वास है। ईश्वर क्या है? मानव शरीर में विद्यमान दिव्य शक्तियाँ ही देव हैं। मनुष्य के मन में देवता तथा राक्षस दोनों का वास है। आत्मा इन दोनों तत्त्वों को देखती व जानती है। जैसे हमारे विचार होते हैं, वैसी हमारी स्थिति हो जाती है।

दैवी सम्पत् विमोक्षाय, निवद्धायासुरी मताः॥

यदि मनुष्य आत्मोन्नति तथा अपने व्यक्तित्व को विकसित करना चाहता है, तो शुभ विचारों तथा सात्त्विकता को आश्रय देकर जीवन में पवित्रता का संचार करे। पवित्रता में देवों का वास है। यहीं पर उन्नति तथा विकास का अभ्युदय है।

कहा गया है कि तुम विचार द्वारा भाग्य पर विजय प्राप्त करते हो। यदि तुम यह समझ लो कि मनुष्यों के भाग्य निर्माण में विचार ही एकमात्र कारण है, तो तुम्हें हाथ में तलवार नहीं लेनी पड़ेगी। जैसा विचार होगा, अनिवार्य रूप से वैसा ही परिणाम होगा।

हमारी जीवन पद्धति पर हमेशा श्रेष्ठ विचारों एवं सदगुणों का शासन होना चाहिए। हमें इस दिशा में सदा प्रत्लयशील, सतर्क रहना चाहिए कि बुरे विचार कभी हमारे मन पर प्रभावी

न हों। हमें रचनात्मकता या धनात्मकता के विपरीत विचारों से सदा ही अपनी रक्षा करनी चाहिए। जब हम भूमि में अच्छा बीज बोते हैं, अच्छा खाद और उचित पानी देते हैं, मौसम भी ठीक रहता है तो पौधे के अंकुर फूटने से लेकर फलयुक्त होने तक की सभी क्रियाएँ, भली प्रकार संपन्न होती हैं।

पौधे के सूखने या नष्ट होने की संभावना तभी होती है, जब भूमि की उर्वरता कम हो जाती है या मौसम एकदम प्रतिकूल हो जाता है, पौधे को धूप या पानी ठीक से नहीं मिलता है। इसी प्रकार जब किसी व्यक्ति के विचार निष्क्रियता से बोझिल हो जाते हैं, कर्म-शक्ति कम हो जाती है, उत्साह और उल्लास मंद पड़ जाते हैं, साहस और आत्मविश्वास का अभाव हो जाता है, तब उसका व्यक्तित्व एकदम नकारा तथा प्रभावहीन हो जाता है। यदि हमारी चित्तवृत्ति शुद्ध और सत्य मार्ग का अवलंबन करती है, तो हम पर दूसरों के गलत विचारों का कुछ भी प्रभाव नहीं होगा।

लोग तो उल्टे-सीधे सुझाव दिया ही करते हैं। यदि आपका मन सुपठित और सुशिक्षित नहीं है तो अपने लक्ष्य से विचलित होते आपको दैर नहीं लगेगी। यदि आपको गलत बातें सुनने को विवश किया जाता है, किंतु आप अपने मन पर उनका कुप्रभाव न होने देने के संकल्प पर दृढ़ हैं, तो वैसे गलत परिवेश में रहते हुए भी आप उन गलत एवं दूषित विचारों

से अपनी रक्षा भली-भाँति कर सकेंगे। यदि आप घातक सलाहों का निराकरण करने के अपने प्रण पर अटल हैं, तो उसका प्रभाव आप पर नहीं हो सकता।

इसके विपरीत यदि आप गलत या दूषित सलाहों को ध्यान से सुनते हैं, उन पर आचरण कर अपने मन को चंचल बनाये रखते हैं, दूसरों के द्वारा लक्ष्य से भ्रमित होने को तैयार हो जाते हैं, तो अपने जीवन को आप संपूर्ण रूप से नष्ट कर देते हैं।

गलत परामर्शों को सुनने वाला, उनसे उत्साहित होने वाला तथा इनका स्वागत करने वाला व्यक्ति अवश्य ही अपने मार्ग से भटक जाता है। हम संकल्प कर लें, अपने लक्ष्य को निरंतर दोहराते रहें, बार-बार अपने लक्ष्य की पूर्ति का प्रण करते रहें, तभी हम अपने पथ पर आरूढ़ बने रह सकते हैं और शनैः-शनैः उस लक्ष्य के लिए कार्य करना हमारा आचरण बन सकता है। वह हमारा स्वभाव बन सकता है। तब हम अपने जीवन के प्रभाव को पूर्णतया अपने लक्ष्य की ओर मोड़ सकते हैं। अपनी सब शक्तियों को उसी की सिद्धि के लिए लगा सकते हैं। कुछ समय के उपरांत हम से कर्म-संबंधी हमारी योग्यता और परिश्रम की ऐसी प्रचंड तरंग प्रवाहित होगी जो न केवल सब विघ्न-बाधाओं को बहा ले जाएँगी अपितु हमें भी हमारे लक्ष्य के निकट ले जाकर खड़ा कर देगी।

हमारे विचारों का प्रभाव

हमारी धारणा रहती है कि विचार मात्र हमारे भीतर हैं। परंतु ऐसा नहीं है। विचार सर्वत्र व्याप्त हैं। विचार हमारे भीतर हैं, बाहर हैं, प्रत्येक स्थान पर हैं। जिस घर में हम जनमे, जहाँ से हमें संस्कार मिले। वास्तव में हमारा जन्म विचारों में ही तो हुआ। आज हम जो भी कुछ हैं, अपने विचारों के ही कारण हैं।

वस्तुत: हम हैं ही क्या? हम और कुछ भी नहीं, अपने और अपने से जुड़े लोगों के विचारों का प्रतिबिंब हैं, प्रतिफल हैं। राल्फ फल्डो एमरसन ने लिखा है—'न कुछ अच्छा होता है और न ही कुछ बुरा, केवल हमारा सोचने का ढंग ही उसे वैसा बना देता है।' जबकि नार्मन विन्सेंट पील कहा करते थे—'अपने विचारों को बदल कर हम अपनी दुनिया बदल सकते हैं।'

सफल, प्रसन्न, स्वस्थ एवं प्रभावशाली व्यक्ति सोचते समय सकारात्मक ऊर्जायुक्त विचारों का ही प्रयोग करते हैं। अब तो मेडिकल अनुसंधानों से भी यह प्रमाणित हो गया है कि सकारात्मक विचार वाले मस्तिष्क में 'इंडोफीन' नामक हारमोन अधिक पाया जाता है। इसी प्रकार शांति की मन:स्थिति में 'न्यूरोपेपटाइड' नामक हारमोन पैदा होता है जिससे हमें प्राकृतिक एवं मानसिक सुख, शांति का अनुभव होता है।

शेलडन कोहेन कार्नेगी मेलन, विश्वविद्यालय के शोधों से यह साबित होता है कि नकारात्मक विचार वाले व्यक्तियों में रोग प्रतिरोधक क्षमता क्रमशः कम होती जाती है। अतः अपनी सोच एवं विचार को सकारात्मक बनाइए, दुनिया आपकी अपनी होगी।

सकारात्मक विचार वाले लोग समाज के अन्य व्यक्तियों के मुकाबले अधिक सफल, लोकप्रिय व प्रभावशाली होते हैं। लोग उनकी स्वयं ही मदद करने को उत्सुक रहते हैं। उनके बड़े-से-बड़े व जटिल कार्य भी मामूली से प्रयासों से सिद्ध होते जाते हैं।

सभी व्यक्तियों को ज्ञात होना चाहिए कि उनके भीतर कुछ विशिष्ट चीज हैं, जिनके माध्यम से वे अपने आपको भीड़ से अलग खड़ा कर सकते हैं। प्रत्येक व्यक्ति की सोच, उसके विचार अलग-अलग होते हैं। मसलन एक व्यक्ति की खूबियाँ और उसकी आंतरिक विशेषताएँ अलग-अलग होती हैं। ऐसा इसलिए होता है क्योंकि प्रत्येक व्यक्ति के हृदय में भिन्न विचार विद्यमान होते हैं।

व्यक्ति में विचारों की पूरी शृंखला विकसित होने के साथ ही उसके विचारों में परिपक्वता आती है। बहरहाल विचारों में शृंखला का विकास प्रत्येक व्यक्ति के हृदय के साथ उसके मस्तिष्क में भी होता है। इन्हीं विचारों से मनुष्य

की प्रवृत्ति तथा प्रकृति विकसित होती है। तभी एक साहित्यकार, वैज्ञानिक, संत–महात्मा और विशिष्ट विभूतियों का जन्म होता है। ऐसी ही विभूतियों द्वारा संसार में नेक काम हेतु साहित्य सृजन और वैज्ञानिक कर्म के कार्य किए जाते हैं।

सृजन और खोज का सीधा और सार्थक संबंध मानवीय विकास से होता है। ऐसी खोजें या सृजन को अद्वितीय उपलब्धियों में शामिल किया जाता है। शायद यही वजह है कि ऐसी महान् विभूतियों ने दूसरों के सेवार्थ अपने संपूर्ण जीवन को लगा दिया। ऐसी क्या विशेषताएँ थीं जिनकी वजह से इन्होंने बड़ी खोजों के साथ इतना अकल्पनीय सृजन किया? इन महान लोगों में से किन्हीं दो ने एक जैसी खोज या एक जैसा सृजन नहीं किया है। ये बातें सिर्फ महान् लोगों पर ही लागू नहीं होती हैं कि किन्हीं दो की उपलब्धियाँ एक–दूसरे से नहीं मिलती हैं बल्कि दो सामान्य व्यक्तियों की सोच भी आपस में एक जैसी नहीं होती है। इसका मतलब यही है कि एक आम व्यक्ति में भी एक खास किस्म की विशिष्टता होती है। वैज्ञानिक अध्ययन भी बतलाते हैं कि एक व्यक्ति के बालों की प्रकृति दूसरे व्यक्ति के बालों की प्रकृति से कतई मेल नहीं खाती है।

मनोविज्ञान भी इस बात को स्वीकार करता है कि एक व्यक्ति की बाहरी (शारीरिक) संरचना मिल सकती है लेकिन

उनके विचार, उनकी सोच आपस में कतई मेल नहीं खा सकती है। इसलिए संसार में वैज्ञानिक और साहित्यकार क्रमशः अद्वितीय खोज और रचना कर पाते हैं।

□

आत्मविश्वास बढ़ाने
की यह रीति है
कि वह काम करो जिसको
करते हुए डरते हो।

—डेल कारनेगी

3

रचनात्मकता से बढ़ता है आत्मविश्वास

आत्मविश्वास बढ़ाने की रीति यह है कि तुम वह काम करो, जिसे तुम करते हुए डरते हो। इस प्रकार ज्यों-ज्यों तुम्हें सफलता मिलती जाएगी, तुम्हारा आत्मविश्वास बढ़ता जाएगा।

—महात्मा गांधी

प्रत्येक व्यक्ति के सीने में यह अरमान होता है कि वह बड़ा काम करे। कुछ नया करे। जब हम सुनियोजित तरीके से अपने लक्ष्य निर्धारित कर लेते हैं, तो संघर्ष करने के लिए एक अच्छा-खासा रास्ता मिल जाता है। जब हम

लक्ष्य को छू लेते हैं, तो हमारा संघर्ष भी स्वतः पुरस्कृत हो जाता है। उधर प्रतिफल की आशा हमें अंत तक कार्य करने तथा संघर्ष करने के लिए मदद प्रदान करती है।

जिन लोगों के व्यक्तित्व में रचनात्मकता की चिंगारी सुलग रही होती है, वे प्रत्येक कार्य अच्छी तरह से करते हैं। ऐसा करके उन्हें वास्तव में आनंद की अनुभूति होती है। यह परिस्थिति कार्य की गुणवत्ता के दृष्टिकोण से एक आदर्श अवस्था कही जा सकती है। यह वो वक्त होता है, जब काम हमारे लिए बन जाता है—

एक हक, न कि एक फर्ज
एक मौज, न कि एक बोझ
एक खुशी, न कि एक सदमा।

इस सबकी वजह है कि इसकी पृष्ठभूमि में रचनात्मक आत्म अभिव्यक्ति छुपी रहती है। प्रत्येक व्यक्ति का कार्य उसके अपने स्वरूप का चित्रण होता है।

यदि आप समाज पर यह छाप डालना चाहते हैं कि आपका चरित्र, आपकी क्रियाशक्ति, व्यक्तित्व प्रबल है, तो प्रत्येक दशा में आपके विचार रचनात्मक होने चाहिए। आपके मन पर इन्हीं रचनात्मक विचारों का प्रभाव होना चाहिए।

अपने भविष्य का निर्णय करने वाली सामग्री आपको

कहीं बाहर से नहीं जुटानी पड़ती, बल्कि वह तो आपके भीतर ही होती है। आपको करना केवल यह होता है कि उस भीतर की सामग्री का सही-सही उपयोग करना सीख लें। आप अपनी रचनात्मकता की लौ को कभी बुझने मत दीजिए। आप अपनी शारीरिक तथा मानसिक शक्ति का जिस मात्रा में उपयोग करेंगे, उसी अनुपात में आपके काम में पूर्णता आएगी।

सब कलाओं में सबसे श्रेष्ठ कला अपने मनुष्य-जीवन को सफल एवं विजयी बनाना मानी गई है। इस कला का ठीक ढंग से प्रयोग कर कोई भी व्यक्ति कुशल बन सकता है। जो विद्यार्थी विद्याध्ययन पूर्ण करने के बाद, सफल होने की कला में पारंगत हुए बिना जीवन-यापन के क्षेत्र में आता है, जिस युवक को किसी ने यह न बताया हो कि धनात्मक और ऋणात्मक विचार किन्हें कहते हैं, इनमें क्या अंतर है तथा इन दोनों का स्वरूप क्या है, वह शीघ्र ही असफल हो जाता है। उसके मन में आत्मविश्वास की कमी और निषेधात्मक विचार पैदा होते हैं। उत्साह से शून्य भावनाओं के कारण उसकी स्वाभाविक रचनाशीलता मंद पड़ जाती है तथा धनात्मक प्रतिभा मंद हो जाती है। वह जहाँ भी काम करता है, लोग उसे एक 'बोझ' की तरह समझते हैं। इस प्रकार एक दक्ष व्यक्ति होते हुए भी वह आकस्मिक रूप से क्रियाहीन विचारों का शिकार हो जाता है।

कॉलेज या विश्वविद्यालय की शिक्षा व्यक्ति के हित में आवश्यक है या अनावश्यक—यह विवाद का विषय है, पर किसी भी युवक के लिए यह जानना कि मन और मस्तिष्क की शक्तियाँ रचनात्मक, जाग्रत, प्रचंड और प्रभावशाली कैसे बनती हैं, अत्यंत आवश्यक है। वह असंदिग्ध रूप से विवाद का विषय नहीं हैं। प्रत्येक सफलता के आकांक्षी युवक के लिए यह जानना भी आवश्यक है कि मन को कैसे सदा निषेधात्मक स्थिति में रखा जा सकता है तथा विघातक विचारों से कैसे रक्षा की जा सकती है।

इस बात का कोई महत्त्व नहीं कि मनुष्य मरता किस प्रकार है, अपितु महत्त्वपूर्ण बात यह है कि वह जीवित किस प्रकार रहता है।

—मोहम्मद हजरत

खूबियों का विकास

हमारे भीतर जो भी खूबियाँ हैं, हमें उनका दिल खोलकर उपयोग करना चहिए। हम जिस वस्तु को उपयोग में नहीं लाते वह धीरे-धीरे समाप्त होती चली जाती है। हम यदि अच्छे हैं, हमारी सोच अच्छी है तथा हम लोगों की भलाई के बारे में विचार करते हैं तो उसको प्रकट करना भी सीखिए।

जार्ज कैथोलिन के शब्दों में—'हमारा दृष्टिकोण हमारे

कार्य को खेल से भी ज्यादा रोचक बना देता है। किसी ने कहा है कि अंदरूनी धूप तब खिलती है, जब हमें यह महसूस हो कि हमने अपनी प्रतिभा और सामर्थ्य का किसी अच्छे और नेक काम के लिए सही ढंग से उपयोग किया है।'

मनोवैज्ञानिकों का कहना है कि हम दिन भर में जो सोचते हैं और करते हैं, वही निर्बाध रूप से हमारे भविष्य को शक्ल दे रहा होता है। वास्तव में सच्ची उपलब्धि न तो संग्रह में है, न प्राप्ति में है, अपितु सर्जनशीलता में है। हम सही मायनों में अपने मस्तिष्क तथा अपनी आंतरिक ऊर्जा पर ही निर्भर करते हैं। सच तो यह है कि मनुष्य अपना सितारा खुद है और वह आत्मा जो इनसान को ईमानदार तथा परिपूर्ण बना दे, उसके आगे नतमस्तक हो जाते हैं—सारी ज्योति, सारा प्रभाव, सारा भाग्य। हमें रचनात्मकता की जलधारा को खूब वेग से बहाना चाहिए, फिर वह दिन भी आएगा, जब यही गंगा उपलब्धियों के महासागर से जा मिलेगी।

प्रत्येक प्रगतिशील मनुष्य को अपने मानसिक, सामाजिक तथा नैतिक गुणों के विकास के प्रति गंभीर रहना चाहिए। अपनी रचनात्मकता को धार देने के लिए हमें प्रयासों को गति देने में परहेज नहीं करना चाहिए। पुस्तकों तथा यात्राओं पर पैसा खर्च करना फिजूल खर्च नहीं, यह तो एक तरह का सुरक्षित निवेश है, जो आपके जीवन को अधिक कारगर

तथा कामयाब बनाने में महत्त्वपूर्ण साबित होगा।

मनुष्य को यह भी ध्यान रखना चाहिए कि वह खुद ढाल ले अपने वातावरण को, अपने घर को और मित्रों के दायरे को, अपने रोजगार को तथा सारे काम-काज को। इस तरह मनुष्य अपने जीवन का संपूर्ण उपयोग कर सकता है। इस स्वर्णिम सूत्र को सदैव स्मरण रखिए कि—

'एक उपयोगी जीवन ही सुखी हो सकता है।'

ईश्वर ने मनुष्य को रचनाधर्मिता के गौरव से नवाजा है। हमें इसके महत्त्व को नजरअंदाज नहीं करना चहिए। हमें ज्यादा से ज्यादा रचनात्मक होना चाहिए। परमेश्वर की रचना का उपयोग कीजिए तथा अपनी खूबियों से सजा-सँवार कर बेहतरीन चीजों का निर्माण कीजिए। बेहतरीन परिस्थितयाँ बनाने वाले लोगों की जिंदगी भी खुद-ब-खुद बेहतरीन हो जाती है।

रचनात्मकता का अभिप्राय है, नये संबंधों में नये विचार देखना, चिंतन करना, कुछ नया सोचने या पैदा करने की कल्पना करना। सारी रचनात्मकता उसी व्यक्ति में निहित रहती है, जो कुछ बनाए जाने की ऊर्जा से भरा है। रचनात्मकता सर्वोच्च दर्जे का गुणात्मक अनुभव है। यह वह शक्ति है, जिसके प्रभाव से समूचा व्यक्तित्व सक्रिय हो उठता है।

रचनात्मकता में वृद्धि

अपने गुणों में इजाफा करके हम अपनी रचनाधर्मिता का संपोषण कर सकते हैं। सद्भावना, आशावादिता तथा अध्यवसाय सरीखी विशेषताएँ हमारे व्यक्तित्व में रचनात्मकता का संचार करती हैं। कुछ लोगों में रचनात्मकता स्वभाविक रूप से होती है, जबकि कुछ लोग थोड़ी सी तैयारी से इसे विकसित करने में सफल हो सकते हैं।

रचनात्मक लोगों को चाहिए कि जब उनके मन में नये-नये विचार आएँ तो वे उन्हें खोने न दें। यह स्वभावगत विशेषता होती है कि जब एक दिशा विशेष में हम सोच रहे हों तो उसी तरह के और विचार भी आते हैं। उन्हें नोट कर लेना चाहिए। उन्हें सँभालकर रखिए। हो सके तो उनके लिए कोई खास डायरी अथवा फाइल बना लीजिए। क्रमबद्ध संयोजन तथा समुचित व्यवस्था से सफलता का मार्ग सुनिश्चित होता है। मात्र संयोग से कभी भी कोई चीज अच्छी नहीं बन जाती।

प्रशिक्षित व रचनाशील मस्तिष्क का साथ भाग्य भी देता है। रचनात्मक क्षमता वाले व्यक्ति भीड़-भाड़ तथा प्रतिस्पर्धा से परिपूर्ण माहौल में सबसे अलग, सबसे जुदा दिखाई देते हैं।

न्यूयॉर्क में एक महान् संगीतकार था। वह लड़कियों को ऑपेरा के लिए प्रशिक्षित किया करता था। उसकी

शिष्याओं में एक ऐसी लड़की थी, जिसमें संगीत की महान् योग्यता छिपी थी, पर उस लड़की में आत्मविश्वास नाममात्र का भी नहीं था। संगीत शिक्षक ने उसे परामर्श दिया कि वह झिझक त्यागे, आत्मविश्वास जगाकर अपना व्यक्तित्व प्रकट करे। इस कार्य के लिए उसने उसे उपाय सुझाया कि वह प्रतिदिन दर्पण के सम्मुख खड़ी होकर पूरी ताकत से बार-बार दोहराया करें कि 'मैं स्वयं संगीत हूँ। मैं ईश्वर की संगीत-शक्ति की प्रतिमा हूँ। मैं स्वर-झंकार से परिपूर्ण हूँ, मैं अपना अभिनय बहुत उत्तम रूप से कर सकती हूँ। मैं अपनी भूमिका करते समय सभी को मुग्ध कर दूँगी। मैं सबसे श्रेष्ठ अभिनेत्री हूँ। अपने अभिनय को और सम्माननीय और गौरवपूर्ण बनाऊँगी।' उस लड़की ने अपने शिक्षक की इस बात का अक्षरशः पालन आरंभ किया। वह लड़की, जो संकोच, लज्जा में डूबी रहती थी, लोगों के सामने झिझकती, कतराती थी, अपने शिक्षक के परामर्श से उसने वह काम कर दिखाया, जो अनेक प्रयासों द्वारा संगीत और अभिनय का पाठ पढ़ाने से भी नहीं हो सकता था। शिक्षक के बताए मार्ग से उसका आत्मविश्वास इतना अधिक बढ़ गया कि उसकी शंका और संदेह मिट गए, उसका संकोच दूर हो गया और वह रंगमंच पर बिजली-सी चमक उठी।

आप उच्च स्वर से दर्पण के सम्मुख खड़े होकर प्रतिज्ञा

कीजिए, संकल्प कीजिए—यह आत्मविश्वास बढ़ाने का एक महान् उपाय है। इस प्रकार अपने आपको सुझाव देना, पूर्ण उत्साह भरकर अपने मन के साथ वार्तालाप करना, सच्चाई के साथ स्वयं से बात करना, ऐसे उपाय हैं, जिनके द्वारा मनुष्य अपने अचेतन मन में छिपी हुई शक्ति को जगा सकता है। केवल विचार करने से इतनी शक्ति जाग्रत नहीं होती, जितनी अपनी आत्मा को सुझाव देने और प्रण करने से उत्पन्न होती है। सब जानते हैं कि पूर्ण उत्साह में भरकर किसी काम को पूरा करने का संकल्प कर लिया जाता है, तो शान अद्‌भुत रूप से बढ़ती है।

□

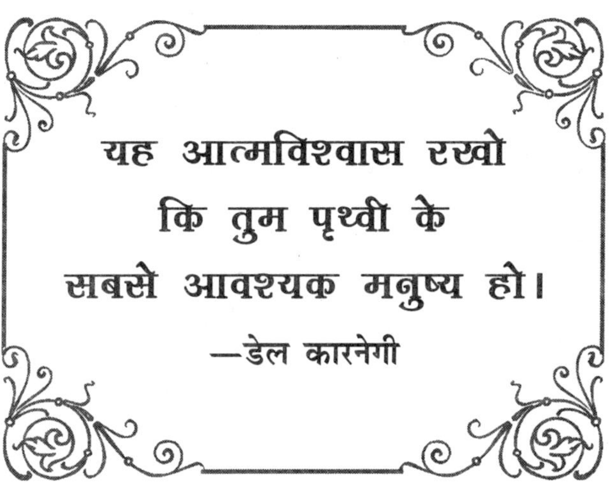
यह आत्मविश्वास रखो
कि तुम पृथ्वी के
सबसे आवश्यक मनुष्य हो।
—डेल कारनेगी

4

साहस से बढ़ता है आत्मविश्वास

आत्मविश्वास की कमी ही हमारी बहुत सी असफलताओं का कारण होती है, शक्ति के विश्वास में ही शक्ति है। ऐसे व्यक्ति सर्वाधिक कमजोर हैं, चाहे वे कितने ही शक्तिशाली क्यों न हों, जिन्हें अपने आप तथा अपनी शक्ति पर विश्वास नहीं है।

—सरदार पटेल

समाज में अनेक लोग आपको इस तरह का ढोंग करते मिल जाएँगे कि जैसे वे संपूर्ण हैं, उनसे उनके जीवन में कभी कोई गलती हुई ही नहीं। परंतु हमारे मन में हरदम

यही खयाल रहता है कि किसी दूसरे से अधिक गलतियाँ हम स्वयं कर रहे हैं। गलत होने का एक हौवा हमारे ऊपर हावी रहता है। हम सच्चे व अच्छे होने की हिम्मत नहीं जुटा पाते और बहुत मर्तबा यह डर हमें बहुत महँगा पड़ता है। आप अपने क्षेत्र विशेष या कारोबार में अपनी कोई खास जगह बनाना चाहते हैं, लेकिन मन-ही-मन डरते रहते हैं कि कहीं हम फेल तो नहीं हो जाएँगे। बहुत से व्यक्ति जो प्रेम में निराश हो जाते हैं, वे फिर नया नाता जोड़ने से डरते हैं। उन्हें वहम होता है कि वे एक बार फिर मायूस हो जाएँगे।

क्या आप एक बार भाषण देते वक्त बीच में कोई गलती कर बैठे थे, जिससे आपकी बात लोगों ने अनसुनी कर दी थी, उसी डर के चलते आप दुबारा भाषण देने की हिम्मत नहीं जुटा पाते?

क्या आपकी कोई रचना, कार्टून अथवा लेख संपादक ने नहीं छापा और धन्यवाद सहित वापस लौटा दिया, उसी के भय से आप अन्य रचना भेजने में संकोच कर रहे हैं? आप एक स्वर्णिम सूत्र सदैव स्मरण रखिए कि जो व्यक्ति प्रतिकूल परिस्थितियों में भी अपनी हिम्मत नहीं खोते, उनकी मदद स्वयं ईश्वर करते हैं। तभी तो कहा गया है—

'हिम्मते मर्दां, मददे खुदा।'

आपको जटिल से जटिल हालातों में भी हिम्मत नहीं

हारनी चाहिए।

दुबारा उठिए और सफलतापूर्वक सफल रहिए। महाकवि मिल्टन का यह वाक्य हमेशा याद रखिए।

'जागो, उठो, नहीं तो फिर हमेशा के लिए खत्म!'

रमन ने बाँस कूद प्रतियोगता में कीर्तिमान स्थापित किया। उसका मित्र चकित था। वह पूछ बैठा—'20 फुट ऊँची छलाँग लगाते समय तुम्हें डर नहीं लगा, यदि बाँस टूट जाता तो हड्डी-पसली बराबर हो जातीं।'

रमन का जवाब था—'बिना जोखिम उठाए सफलता मिल ही नहीं सकती।'

वास्तव में देखा जाए तो जिन कार्यों पर सभी लोग अभिभूत हो जाते हैं, वे सब जोखिम भरे हैं। यह भी सत्य है कि हम खुद को दाँव पर लगाते हुए जितना गहरा गोता लगाते हैं, उतने ही बेशकीमती रत्न बटोर ले आते हैं। चारों तरफ से अपनी सुरक्षा का घेरा निर्मित करके चलने वाले लोग ही सर्वाधिक असुरक्षित होते हैं। यहाँ सुरक्षा घेरे से मतलब किसी सशस्त्र दल या विशेष अंगरक्षकों की टोली से नहीं है। हमारा अभिप्राय उन लोगों से है, जो बिना जोखिम लिए टॉप पर पहुँचता चाहते हैं। यह बात ठीक ऐसी ही है जैसे कि कोई विद्यार्थी उच्च अंकों से उत्तीर्ण तो होना चाहता हो

परंतु परीक्षा के जोखिम से बचना चाहता हो, यह असंभव है। कार्यशील तथा कर्मठ व्यक्ति की अनेक गलतियाँ भी निकम्मेपन की एक अच्छाई से बढ़ कर हैं, इसकी एक वजह यह भी है कि कर्मठ व्यक्ति में संभावना छिपी है कि वक्त पड़ने पर वह अपनी गलती में सुधार कर लेगा, जबकि निकम्मे व्यक्ति अपनी अच्छाई भी कायम नहीं रख पाते।

वास्तव में जोखिम उठाना जीवन जीने का एक तरीका है। कहा भी गया है कि बिना जोखिम उठाए लाभ नहीं मिलता। जितना बड़ा खतरा होता है, उतना ही अधिक लाभ होता है—

'जिन खोजा तिन पाइयाँ गहरे पानी पैठ,
मैं नारी डूबन डरी, रही किनारे बैठ।'

गहरे पानी में उतरने की तैयारी ही इस बात की सूचना है कि हम जोखिम उठाने के लिए मन बना चुके हैं। खतरा मोल लिये बिना समुद्र के गहरे पानी से मछली नहीं पकड़ी जा सकती। हिमालय की चोटी पर नहीं पहुँचा जा सकता, चाँद के घर मेहमाननवाजी नहीं की जा सकती। जोखिम उठाने वाले लोग जीवन में उत्साह से भरे होते हैं। जोखिम से बचने का मतलब है, अपनी जगह खड़े रहना, कुछ करना नहीं, कुछ सीखना नहीं…भला ये भी कोई जीवन है?

जोखिम उठाने की आदत डालने के लिए किसी खतरे में पड़ने या अवसर की तलाश करने की जरूरत नहीं पड़ती। अवसर तो हर समय, हर जगह आते ही रहते हैं। हर निर्णय में जोखिम का हिस्सा रहता है। अत: किसी भी कार्य को पूर्ण मनोभाव से करना चाहिए। डरने की आदत छोड़नी होगी, तभी हम अपने निश्चित लक्ष्यों की प्राप्ति कर सकेंगे।

जिसने जोखिम उठाना नहीं सीखा, वह संकट के समय घबरा जाता है। जोखिम उठाने की आदत डालकर आत्मविश्वास पैदा कीजिए तथा अपने व्यक्तित्व को प्रभावशाली बनाइए।

ध्यान रखिए जितने अधिक परिश्रम व शक्ति के साथ कोई कार्य किया जाएगा, उसके सफल होने के अवसर भी उतने ही गुना बढ़ जाएँगे।

"शिव है असि का, नहीं संकल्प का है,
हर प्रलय का कोण कायाकल्प का है,
फूल गिरते, शूल सिर ऊँचा किए हैं,
रसों के अभिमान को नीरस किए हैं,
खून हो जाए न तेरा देख पानी
मरण का त्योहार जीवन की जवानी!"

मानव के जीवन में लक्ष्य का होना अनिवार्य है। बस में सफर करते समय जब तक आप यह नहीं जानते हैं कि

बस कहाँ जा रही है तब तक आप उसमें सफर नहीं करते हैं, फिर आप अपनी जिंदगी को बिना लक्ष्य तय किए कैसे जी सकते हैं?

लक्ष्य का निर्धारित होना अत्यंत आवश्यक है और इसमें परिवार, आर्थिक, शारीरिक, मानसिक, सामाजिक, आध्यात्मिक तत्त्वों का समावेश होना अपना महत्त्व रखता है। परिवार हमारे जीने और जीविका का महत्त्वपूर्ण पक्ष है। आर्थिक बिंदु जीविका का सहायक पक्ष है। स्वस्थ शरीर के बिना आप कोई काम नहीं कर सकते।

लक्ष्य का निर्माण जाँच-परख कर करें एवं हमेशा स्पष्ट दृष्टि रखें। लक्ष्य हमेशा बड़ा बनाइए और उस पर समुचित ढंग से प्लान कर के कार्य कीजिए। इस संबंध में डेनियल एच. बर्नहम का कथन उल्लेखनीय है—

> 'छोटी योजनाएँ न बनाएँ, उनमें इनसान के दिलों में जोश भरने वाला जादू नहीं होता···बड़ी योजनाएँ बनाएँ, पूरी आशा के साथ ऊँचाई की ओर बढ़ें और काम करें।'

अपना एक निश्चित लक्ष्य बनाएँ, उसको लिखें, रोजाना दो बार पढ़े और समय-समय पर उसकी जाँच करते रहें। इससे आपको सतत् अपने लक्ष्य का ध्यान रहेगा, साथ ही

आप को मूल्यांकन का भी मौका मिलता रहेगा।

प्रख्यात साहित्यकार डॉ. हरिवंश राय बच्चन जब विदेश में अपनी पी-एच.डी. की पढ़ाई कर रहे थे, उस समय मानसिक, पारिवारिक एवं आर्थिक कठिनाई का सामना वे स्वयं और उनका परिवार इलाहाबाद में कर रहा था। उस वक्त वे इस कथन से अपना विश्वास प्राप्त करते थे—

> 'लक्ष्य प्राप्त हो न हो, लक्ष्य पर पहुँचना अपने हाथों में नहीं होता, पर लक्ष्य बनाकर ही चला जाता है। यह कम सौभाग्य की बात नहीं है कि हमारे सामने लक्ष्य है। वह आकर्षक है—प्रेरक भी।'

अपने जीवन की सार्थकता को समझते हुए अपने जीवन को सक्षम बनाइए, भोक्ता और कर्ता बनिए। जीवन के मार्ग में दर्शक की क्या स्थिति हो सकती है? सोचिए! जिंदगी जीनी पड़ती है। अपने लक्ष्य को कर्म नियोजित करके अपने जीवन को सफल बनाइए।

अपने लक्ष्य की प्राप्ति हेतु उस क्षेत्र से संबंधित शिक्षक, छात्रों से संपर्क बनाइए। अच्छी-अच्छी किताबों को पढ़ने की आदत डालिए।

आदर्श व्यक्तियों की जीवनियाँ पढ़िए। हमेशा अच्छे लोगों के साथ रहिए एवं अच्छी आदतों को सीखिए। कर्म

पर अपना ध्यान केंद्रित करिए एवं सतत कर्मशील रहने का प्रयत्न कीजिए। भाग्यवादी रवैया न अपनाकर अपने अंदर योग्यता का विकास कीजिए।

असफलता से निराश मत होइए। मसलन आप परीक्षा के उपरांत परीक्षाफल का इंतजार कर रहे हैं और परीक्षाफल आने के उपरांत आप सफल होते हैं, इसलिए उस क्षण को सफल बनाने के लिए यह आवश्यक है कि आप अपने को पूरी तरह सक्षम बनाएँ एवं परीक्षा में उत्तीर्ण हों। अपने लक्ष्य को ध्यान में रखते हुए अपने अंदर से आलस को दूर भगाएँ एवं हमेशा नीतिशतक की यह पंक्ति याद रखें—

आलस्य हि मनुष्याणां शरीरस्थो महान रिपुः।

अर्थात् 'आलस्य मनुष्यों के शरीर में रहने वाला महान् शत्रु है।'

अनिश्चितता से घटता है आत्मविश्वास

दीर्घसूत्रता काम करने न करने की स्थिति का अंतर्द्वंद है, जिसको लेकर व्यक्ति निश्चित नहीं होता, पर यह भी नहीं कह सकते कि वह अनिश्चित है। लेकिन मानसिक स्तर पर निरंतर संघर्ष जारी रहता है। कुछ लोग इसकी व्याख्या एक ऐसी प्रतिबद्धता के रूप में करते हैं, जिससे पूर्णतः इनकार नहीं किया जा सकता। दीर्घसूत्रता या विलंबता की स्थिति

में व्यक्ति स्वयं से वायदा करता है, लेकिन इसमें स्पष्टता व सुनिश्चितता का अभाव बना रहता है। परिवर्तन की संभावना भी हमेशा बनी रहती है। कहने का तात्पर्य है कि काम टालने की इस प्रवृत्ति में व्यक्ति प्रतिबद्ध नहीं हो पाता।

इस संबंध में सामान्य धारणा यह है कि व्यक्ति में इच्छा शक्ति की कमी के कारण ऐसा होता है। पर ऐसी बात नहीं है। अगर इस बात को मान भी लिया जाए तो मनोवैज्ञानिक इस बात से साफ तौर पर इनकार करते हैं कि इच्छा की कमी के कारण ऐसा होता है। व्यक्ति जो कुछ करना चाहता है कि उसे लेकर करें या न करें या अब करते हैं, तब करेंगे। अर्थात् व्यक्ति की स्वयं की चल रही भावनात्मक उलझन की स्थिति होती है। नतीजा काम में विलंब होता है। यही वजह है कि लोग इन स्थितियों मे कहीं-न-कहीं इच्छा शक्ति में कमी को ही इसका कारण मानते हैं।

ऐसी स्थिति में व्यक्ति अपने लिए जो लक्ष्य निर्धारित करता है, वह समय पर पूरा नहीं हो पाता है एवं निश्चित लक्ष्य की प्राप्ति बार-बार आगे के लिए खिसकती रहती है। कई बार तो यह निरंतरता में तब्दील हो जाती है। यह इसलिए होता है कि व्यक्ति जब भी कुछ करना चाहता है तो वह जिन बातों का पहले से आदी हो चुका है, वह प्रवृत्ति उसे अतिशीघ्र काम निपटाने नहीं देती। □

धैर्यवान मनुष्य आत्मविश्वास की नौका पर सवार होकर आपत्ति की नदियों को सफलतापूर्वक पार कर जाते हैं।

—भर्तृहरि

5

असफलता और आत्मविश्वास

जिस मनुष्य में आत्मविश्वास नहीं है, वह शक्तिमान होकर भी कायर है और पंडित होकर भी मूर्ख है।

—रामप्रताप त्रिपाठी

बहुत से व्यक्ति जब एक बार नौकरी खो देते हैं, तो दोबारा काम माँगने से डरते हैं। कुछ लोग प्रोमोशन की माँग करने पर जब फटकार दिए गए, उसके बाद मैनेजर के केबिन में जाने से घबराते हैं। वे महिलाएँ जिनके बालक डूबते-डूबते बच गए, अब कभी बच्चों को पानी के निकट जाने या तैराकी सीखने की अनुमति नहीं देती। बदकिस्मती

तथा आपत्तियों से पीड़ित ऐसे लोगों की धारणा रहती है कि ऐसी घटनाओं का होना अटल है और वे सदा दुःखी रहते हैं। इस तरह की मानसिकता वाले व्यक्ति बहुधा पश्चात्ताप करते रहते हैं, वे सोचते हैं हमारा जीवन बर्बाद हो गया। कुछ साल पहले ही हमें कोई अन्य मार्ग अपना लेना चाहिए था। अब बहुत देर हो चुकी है। हार लज्जा की बात नहीं है।

महात्मा गांधी कहा करते थे 'कुछ युद्ध ऐसे भी हैं, जिनमें हारना ही विजय है।' एक कहावत यह भी है कि कोशिश न करने से कोशिश करके हार जाना कहीं बेहतर होता है। दरअसल कोई भी हार हमें यह नहीं बताती कि हममें योग्यता की कमी है। वो बताती है कि कमी थी हमारे प्रयासों में, जिसे हम चाहें तो दूर कर सकते हैं।

थियोडोर रूजवेल्ट अपने अनुभवों में लिखते हैं कि 'श्रेय उस व्यक्ति को मिलता है, जो वस्तुतः संघर्ष में कूदता है। जिसका चेहरा धूल-पसीने तथा रक्त से धूसरित हो जाता है। जो बहादुरी से लड़ता है, जो बार-बार गलतियाँ करता है और बार-बार चूकता है, जो उत्साह का आनंद लेता है और एक उचित ध्येय के लिए प्रयास में जुटा रहता है। जो जानता है कि यदि ठीक रहा तो उसे उपलब्धि की अपूर्व सफलता हासिल होगी और अगर नाकाम हो गया तो उसकी

हार इस बात का प्रतीक होगी कि हाथ-पर-हाथ रख बैठने से उसने जूझना मुनासिब समझा। उसका चेहरा उन भीरू व्यक्तियों जैसा भी नहीं दिखेगा जो न हार जानते हैं और न जीत।'

उपलब्धि तथा श्रेय कोशिश तथा नाकामी के स्वाभाविक मार्ग पर उगे हरे छायादार वृक्षों जैसे हैं। बहुत कम लोग समझ पाते हैं कि हमारी साहसिक गलतियाँ ही सफलता की सीढ़ियाँ बन जाती हैं। पराजय हमारी असफलता का कारण नहीं हैं, बल्कि पराजय में जो सीख, नसीहत तथा अनुभव छिपा है उसे न पहचान पाना ही हमें असफल बनाता है। हमें चाहिए कि हम स्वीकारना सीखें—अपनी गलतियों तथा उपलब्धियों के साथ जुड़ी जिम्मेदारियों को।

अपने प्रयासों में पूर्णता तथा इरादों में पवित्रता लेकर कार्य करने वाले लोग एक हजार बार हार कर भी अंततः जीत जाते हैं। अपनी मौलिकता को बचाए रखकर कार्य करने वाले लोगों की विजय सुनिश्चित है।

अपना सौ प्रतिशत दीजिए

हम सब की कमजोरी ये है कि हम खेलने में कम, उसकी हार-जीत में अधिक दिलचस्पी रखते हैं। हम जमकर खेलना नहीं चाहते और सपने देखते हैं कि सुरक्षित तरीके

से जीत को कोई आकर हमारी गोद में रख जाए। बहुत से लोग हैं, जो अपनी गलतियों को रोमांचक नहीं बना पाते। हमें अपने बारे में, अपने प्रयासों के बारे में विचार करना चाहिए। हमें बिना किसी हील-हुज्जत के अपनी खूबियाँ, खामियाँ कबूल करनी चाहिए।

फ्रांसिस बेकन का अमर कथन है कि 'बुरे लोग अपने दोषों को माफ किए रहते हैं। अच्छे लोग उनको छोड़ बैठते हैं। गलती नहीं करने के डर से लोग अपनी प्रतिभाओं को दफना देते हैं।'

जिस कब्रिस्तान में हमारी गलतियाँ दफन हैं, वहीं पर हमारी कामयाबी के दुश्मन भी दफन हैं। उनकी हमें जरा भी परवाह नहीं करनी चाहिए। परंतु सबसे दर्दनाक कब्रिस्तान वह है, जहाँ उन लोगों की पार्थिव देह खामोशी से आराम कर रही है, जो गलतियाँ करने से डरते थे।

हम अनेक पराजयों को जीत सकते हैं—

अध्ययन के शस्त्र से
योग्यता के बाण से तथा
तैयारी की हुंकार से।

हमें जीवन के प्रति खिलाड़ी जैसा रुख अपनाना चाहिए क्योंकि जोखिम उठाने का भी अपना मजा है। शिक्षाविद्

प्रेमचंद्र शर्मा इसी बात को बड़े सुंदर ढंग से कहते हैं-

‘हार कर भी हार मैंने, आज तक मानी नहीं है,
हार तो उसके लिए है हार को जो हार माने
जीत तो उसके लिए जो हार को उपहार माने।’

यह दौर मशीनों का है,
अब चलेगा राज कंप्यूटर और रोबोट का

मशीनों के बारे में धारणा है कि वे अपना कार्य परिपूर्ण ढंग से करती हैं।

अतः गलतियों के लिए अब आने वाले दिनों में कोई खाना नहीं होगा?

परंतु हमें प्रतिभावान व्यक्तियों की भाँति आचरण करना चाहिए।

हमें रहना, सोचना व करना चाहिए वह सब जो सच्चे इनसानों को शोभा देता है।

मनुष्य गलतियों का पुतला है
और हमेशा रहेगा।

जितनी शीघ्रता से हम खुद को इसके लिए माफ कर देंगे उतनी ही जल्दी से हमारा जीवन सुख तथा संपन्नता की ओर उन्मुख हो जाएगा।

'हार और जीत के बीच की रेखा
अकसर होती है, इतनी महीन
लोगों को अकसर पता ही नहीं चलता
वे कब छू देते हैं वो लीक।
ऐन वक्त जब मोती हाथ में आने वाला था
अगर एक गोता और लगा लेते
कितने ही बहादुर गोताखोर
तभी हिम्मत छोड़कर हार मान लेते हैं।'

भय और चिंता की भावना हमारे अचेतन मन को कार्य करने से रोक देती है। जिस कार्य को हम पूर्ण करना चाहते हैं, उसके संबंध में हमारी यह चिंता कि यह कार्य पूर्ण होगा या नहीं, हमारे उस कार्य के पूर्ण होने में बाधक बन जाया करती है, क्योंकि जिस समय मन में संदेह बस जाता है, उस समय उससे कोई भी रचनात्मक कार्य प्रभावशाली ढंग से नहीं हो सकता है। हमें चाहिए कि हम भय को तुरंत त्याग दें, क्योंकि वह हमारे सामने उसी संकट को ला खड़ा करता है, जिससे हम भयभीत रहते हैं। भय हमारी संकट-निरोधक शक्ति को क्षीण करता है, उसकी कमर तोड़ देता है। हमें जिस चिंतन की आवश्यकता है, वह उसकी शक्ति को कमजोर कर देता है। जब तक मन अशांत है, तब तक

वह कभी भी प्रभावशाली ढंग से नहीं सोच सकता है। वह किसी भी रचनात्मक विचार या कार्य को जन्म नहीं दे सकता। भय स्वाभाविक रूप से हमारे मनन अथवा चिंतन करने की प्रक्रिया को भी निष्क्रिय बनाता है और हमारी शक्ति को भी कम करता है।

पुरुषार्थ से बढ़ता है आत्मविश्वास

मशहूर अमेरिकी दार्शनिक हेनरी डेविड थोरो के अमर शब्द हमें सम्यक् दिशाबोध कराते हैं। थोरो का कथन है कि– 'क्या आपने कभी ऐसे आदमी के बारे में सुना है, जिसने जिंदगी भर एक ही लक्ष्य को सामने रखकर पुरुषार्थ किया हो, श्रद्धा से, एकाग्रता से, और उसे जरा भी नहीं पा सका हो? अगर मनुष्य सतत् प्रयास में लगा रहता है तो क्या वह ऊपर नहीं उठ जाता? क्या कोई मनुष्य ऐसा है, जिसने वीरता, उदारता, सत्यता, निष्कपटता के साथ कोशिशें की हों और देखा हो कि उनमें कोई फायदा नहीं हैं, कि वह सारी कोशिश बेकार थी?'

किसी ने सत्य कहा है—

'अपने सपनों को सलामत रखिए
क्योंकि उन्हीं में वह आनंद है
जो सयाने लोगों को नसीब नहीं होता।

अब भी हवा में किले बनाते रहिए
अब भी अपने सफेद जहाज को पानी में तैराते रहिए
अब भी किसी धुन में लगे रहिए
और आकाश के तारों को देखते रहिए।'

कहा भी गया है पुरुषार्थ तथा भाग्य एक ही सिक्के के दो पहलू हैं। उठिए और अपने पुरुषार्थ से भाग्य के क्षितिज पर अपनी एकाधिकारिता तथा अनन्यता के स्वर्णिम हस्ताक्षर अंकित कर दीजिए।

आत्मा में वह शक्ति है कि जो शरीर को भयंकर यंत्रणाओं से भी बचा सकती है। यदि आत्मा की उस शक्ति का प्रयोग न किया जाए तो किसी भी तीव्र विचार से रोग हो सकते हैं और मृत्यु भी हो सकती है। एक महिला कई वर्षों से बीमार थी। वह हर समय खाट पर पड़ी रहती थी। मल-मूत्र त्यागने के लिए उठने भर की शक्ति उसमें न थी। एक दिन अचानक उसके घर में आग लग गई। पति उस समय बाहर गया हुआ था और उसके तीन बच्चे घर की ऊपर की मंजिल में थे। आग की बात सुनते ही वह 'हाय मेरे बच्चे, हाय मेरे बच्चे' चिल्लाती हुई भागी और बारी-बारी से तीनों बच्चों को बचा लिया।

यह सब कैसे हो गया? यह इस प्रकार हुआ कि आग

के भय से उस महिला के मस्तिष्क में एक प्रबल विचार उठा और उस विचार से उस महिला में यह भावना उत्पन्न हुई कि वह कुछ भी कर सकती है। मस्तिष्क के जो विचार अंगों को काम करने का आदेश देते हैं, उन्होंने उसमें यह विश्वास भर दिया कि वह उठकर बच्चों को बचा सकती है, हालाँकि उसके अंग-प्रत्यंगों में कोई भी परिवर्तन नहीं हुआ था। अंगों व मांसपेशियों में कार्य करने की शक्ति बाद में आती है, सबसे पहले मस्तिष्क में ही यह विश्वास दृढ़ होता है कि मैं इस काम को कर सकता हूँ। आग भड़क जाने पर उस महिला को खतरा दिखाई दिया। उस खतरे ने महिला को बच्चों की प्राण-रक्षा के लिए ललकारा। साहस ने उसे सहारा दिया।

□

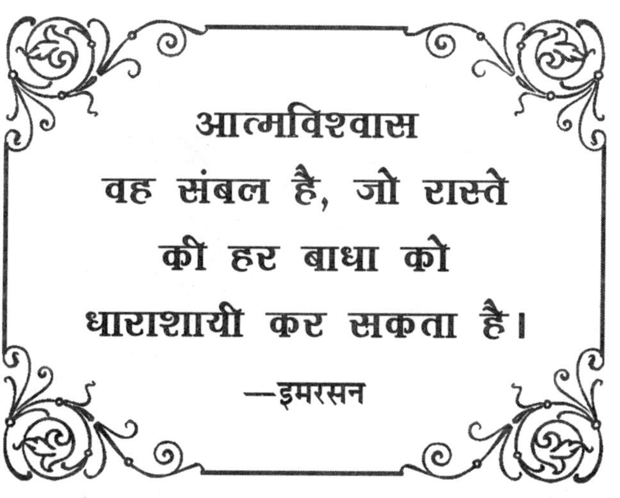

आत्मविश्वास
वह संबल है, जो रास्ते
की हर बाधा को
धाराशायी कर सकता है।

—इमरसन

6

सर्वप्रियता बढ़ाता है आत्मविश्वास

यह आत्मविश्वास रखो कि तुम पृथ्वी के सबसे महत्त्वपूर्ण मनुष्य हो।

—मैक्सिम गोर्की

प्रत्येक व्यक्ति अपने जीवन में सफलता अर्जित करना चाहता है। सफलता को अनेक तरह से परिभाषित किया जा सकता है। सीधे-सपाट शब्दों में कहें तो सफलता का तात्पर्य लक्ष्य की प्राप्ति है। किसी उद्देश्य को पूरा करना भी सफलता का परिचायक है। हालाँकि प्रत्येक व्यक्ति कामयाबी की कामना करता है, सफल व सुखी होने के स्वप्न संजोता है, परंतु सभी के हिस्से में सफलता की सुनहरी

किरणें नहीं लिखीं। उपलब्धियों का सूर्य नहीं उगता और जीवन की विसंगतियों के अंधकार में मनुष्य स्वयं को दीन-हीन समझने लगता है। हम अपने व्यक्तित्व में परिवर्तन करके बड़ी-से-बड़ी उपलब्धि को अर्जित कर सकते हैं। छोटे-छोटे उपायों को अमल में लाकर तथा मामूली समझी जाने वाली बातों को ध्यान में रखकर हम सभी के 'प्रिय' तथा 'खासमखास' हो सकते हैं।

व्यक्तित्व क्या है, यदि यह सवाल समाज में अनेक लोगों से किया जाए तो उसके उत्तर भी अलग-अलग तरह से मिलेंगे। साधारणतया: देखा जाए तो ज्यादातर लोग व्यक्तित्व का अभिप्राय, व्यक्ति के बाहरी पक्ष के आकर्षण से समझते हैं। गौर से देखा जाए तो हमें अपने इर्द-गिर्द ऐसे अनेक उदाहरण मिल जाएँगे जब एक सुगठित शरीर, आकर्षक चेहरे-मोहरे वाले तथा कीमती व अच्छे वस्त्र पहने व्यक्ति को देखकर लोग उससे प्रभावित हुए बिना नहीं रहते।

वस्तुतः किसी भी व्यक्ति को देखने भर से उसके व्यक्तित्व के समस्त पक्षों का आकलन नहीं किया जा सकता है। 20वीं शताब्दी के अंतिम दशक में विश्व भर के चिंतकों व विचारकों ने व्यक्तित्व को लेकर गहन शोध किए हैं। मानव व्यवहार विज्ञान विशेषज्ञ तथा मनोवैज्ञानिक भी अब 'व्यक्तित्व' शब्द को नये मापदंडों की कसौटी पर रखकर

परखने लगे हैं।

मनोवैज्ञानिकों का मानना है कि व्यक्तित्व का सीधा सा मतलब किसी भी व्यक्ति विशेष की उसके कार्यक्षेत्र व सामाजिक स्तर पर पहचान के स्तर से है। व्यक्ति का वैचारिक मत, जनसामान्य से व्यवहार, कार्यशैली, जीवन को जीने का ढंग, जिंदगी के प्रति उसका नजरिया आदि तत्त्वों से किसी भी व्यक्ति का व्यक्तित्व निरूपित होता है। व्यक्तित्व को परखने का एक तरीका यह भी है कि किसी भी व्यक्ति के संपर्क में आने वाले लोग उसके बारे में अपना क्या दृष्टिकोण रखते हैं। यही नहीं यह बात भी खास मायने रखती है कि हम दूसरों की बाबत किस तरह की राय बनाते हैं। अब मनोचिकित्सक इस तथ्य पर भी सहमत हो रहे हैं कि व्यक्ति के व्यक्तित्व का कुछ पक्ष आनुवांशिक गुणों-अवगुणों से भी प्रभावित हो सकता है। हमारे व्यक्तित्व विकास के क्रमिक चरणों में हमारा पारिवारिक परिवेश, सामाजिक स्तर, हमारा रहन-सहन, हमारी शिक्षा-दीक्षा तथा संस्कारों का भी महत्त्वपूर्ण योगदान होता है। जिस वातावरण में हमारा लालन-पालन होता है। जिस भाँति हमारे माता-पिता या अभिभावक हमारा पालन-पोषण करते हैं, ये समस्त तथ्य हमारे जीवन की नींव के पहले पत्थर हैं, इन्हीं के कंधों पर बाद में सुदर्शन व प्रतिभाशाली व्यक्तित्व की शानदार इमारत खड़ी होती है।

सफलता का राजमार्ग

कर्तव्य पालन को सबकुछ मानें। असीम महत्त्वाकांक्षाओं के रँगीले महल न बनाएँ। ईमानदारी से किए गए पराक्रम से ही संभव है सफलता और उतने भर से संतुष्ट रहना सीखें। कुरूपता नहीं, सौंदर्य निहारें। आशंकाग्रस्त, भयभीत, निराश न रहें। उज्ज्वल भविष्य के सपने देखें। याचक नहीं, दाता बने। आत्मावलंबन सीखें। अहंकार तो हटाएँ, पर स्वाभिमान जीवित रखें। अपने समय, श्रम, मन और धन से दूसरों को ऊँचा उठाएँ, सहायता करें। पर बदले की अपेक्षा न रखें। बड़प्पन की तृष्णाओं को छोड़ें और उनके स्थान पर महानता अर्जित करने की महत्त्वाकांक्षा सँजोएँ।

स्मरण रखें, हँसते-हँसाते रहना और हलकी-फुलकी जिंदगी जीना ही सबसे बड़ी कलाकारी है।

—पं. श्रीराम शर्मा आचार्य

किसी भी व्यक्ति के नैसर्गिक, मनोवैज्ञानिक व व्यावहारिक तत्त्वों का समन्वय व्यक्तित्व को प्रभावित करता है। बाल्यावस्था में हमें अपने सामाजिक महत्त्व का पता नहीं होता, परंतु जैसे-जैसे हम बड़े होते जाते हैं, हमें अपने प्रति लोगों के रवैये का एहसास होने लगता है। लोगों का हमारे बारे में कहना, सोचना तथा अनुभव करना हमें सजगता की ओर

अग्रसर करता है।

स्थिर व गतिहीन होना व्यक्तित्व की नियति नहीं, हम अपनी इच्छाओं, आदर्शों व मनोकामनाओं के अनुरूप अपने व्यक्तित्व में परिवर्तन कर सकते हैं। वस्तुतः हमारी समग्र शिक्षाएँ व अवधारणाएँ हमारे व्यक्तित्व को निर्मित करती हैं। हालाँकि हमारे व्यक्तित्व के कुछ पक्ष ऐसे भी हो सकते हैं, जिनमें बदलाव लाना मुश्किल जान पड़े, परंतु ज्यादातर मामलों में आत्म-अनुशासन द्वारा हम स्वयं को अधिक काबिल तथा प्रभावशाली बना सकते हैं।

प्रमुख विचारक सुकरात कहा करते थे कि विभिन्न व्यक्तियों के व्यक्तित्व में कुछेक समानताएँ हो सकती हैं, परंतु किन्हीं दो व्यक्तियों का व्यक्तित्व बिलकुल एक जैसा नहीं हो सकता।

एक वक्त था जब लोग जो हैं, जैसा है के आधार पर अपना जीवन यापन कर देते थे। परंतु बदलते परिवेश में सबकुछ बदल गया है, यहाँ तक कि जीवन के प्रति दृष्टिकोण भी। आज युवा वर्ग अपने व्यक्तित्व के प्रति बेहद संजीदा है। वास्तव में देखा जाए तो हमारी कामयाबियों के पीछे हमारी सकारात्मक प्रवृत्ति बेहद मायने रखती है। इस दुनिया में खोजने से भी ऐसा व्यक्ति पाना कठिन है जो यह दम भरता हो कि वह संपूर्ण व्यक्तित्व का स्वामी है। हम प्रयास

करें तो क्रमशः व्यक्तित्व में उत्कृष्टता ला सकते हैं। अपने व्यक्तित्व को प्रभावशाली बनाने तथा अपनी मौजूदगी भर से दूसरों को सम्मोहित करने का स्वप्न सँजोनेवाले लोगों को चाहिए कि वे अपने व्यक्तित्व में ऐसे गुणों, इस तरह की प्रवृत्तियों का समावेश करें, जो उनके व्यक्तित्व को सर्जनात्मक, सकारात्मक व सफल बनाने का साधन सिद्ध हों।

व्यक्तित्व विकास के मामले में आत्मानुशासन की भी महत्त्वपूर्ण भूमिका है। आत्मानुशासन से अभिप्राय व्यक्ति द्वारा अपने कार्यकलापों, अपनी प्रवृत्तियों, अपनी आदतों, विचारों, तथा दिनचर्या पर नियंत्रण रखना है। मसलन आप प्रतिदिन पौ-फटे उठना तो चाहते हैं परंतु उठ नहीं पाते हैं तो इसका तात्पर्य यह है कि आप में आत्मानुशासन का अभाव है। यही नहीं कई बार तय कर चुकने व संकल्प साधने के बावजूद आप यदि किसी बुरी आदत को अलविदा नहीं कह पा रहे हैं तो यह आपके आत्म नियंत्रण की बेचारगी का द्योतक है।

जो लोग अपने जीवन में सफल होना चाहते हैं, उन्हें चाहिए कि वे अपनी भावनाओं, आवेश, उद्वेग, विचारों तथा क्रोध आदि पर पूर्ण नियंत्रण रखें। अपने इर्द-गिर्द के वातावरण में पूर्ण रुचि लेने की आदत विकसित करना भी व्यक्तित्व विकास का सहायक तत्त्व है। दुनिया इतनी विस्तृत है कि उसके बारे में सबकुछ समझना-जानना तो मुश्किल है, लेकिन

जहाँ तक संभव बन पड़े, हमें अपने देश, काल तथा परिवेश से अच्छी बातों व श्रेष्ठ संस्कारों को अंगीकार करने के लिए सदैव उद्यत रहना चाहिए। समाज में हमारी प्रतिष्ठा स्थापित हो, इसके लिए जरूरी है पहले हम स्वयं को पहचानें। हमें अपनी अच्छाइयों व बुराइयों का भली-भाँति ज्ञान होना चाहिए। हमें अपनी योग्यताओं एवं कमियों का स्पष्ट अंदाज रहना चाहिए। तभी हम अपनी खामियों को खूबियों में तब्दील करके हरेक नजर के नूर हो सकते हैं। इसके लिए एक बेहतरीन उपाय यह भी है कि अपना मूल्यांकन करते वक्त हमें स्वयं को उस रूप में देखना चाहिए जिस रूप में हम हैं न कि जैसा हम बनना चाहते हैं।

जीवन में कामयाबी अर्जित करने के लिए हम अपना मूल्यांकन करें तो हममें अपने निकट संबंधियों व संगी-साथियों की भी वास्तविक स्थितियों का निष्पक्ष आकलन करने की समझबूझ होनी चाहिए। हमें तमाम पूर्वग्रहों से मुक्त होकर व्यापक व व्यावहारिक दृष्टिकोण रखने की जरूरत है। जिंदगी अपने विविध रंगों व शक्लो-सूरत में हमसे रूबरू होती है। कभी हमें वो खुशगवार लगती है, तो कभी मनहूस। ऐसे में समझदारी इसी में है कि जिंदगी की चुनौतियों से मुँह चुराने के बजाय हम उनका डटकर मुकाबला करें।

यथार्थ के धरातल पर खड़े होकर हम अपने लक्ष्यों को

निर्धारित करें। हमारे निर्णय तथ्यपरक हों तथा हमारी पृष्ठभूमि से विवेकशीलता व बुद्धिमत्ता की झलक दृष्टिगोचर होनी चाहिए। भावनाओं में बहकर अपना बंटाधार कराना कोई बुद्धिमानी का काम नहीं। अपनी उपलब्धियों पर अभिमान करना भारी-भरकम व्यक्तित्व की निशानी नहीं। नाकामयाबी से डाँवाडोल न हों। सुख के बाद दुःख और दुःख के बाद सुख प्रकृति की विशेषता है।

तजुर्बों का कोई शॉर्टकर्ट नहीं, वे हमारे लिए सबसे बड़े सबक का काम करते हैं। विपरीत हालातों से हार मानने के बजाय उन्हें अपने हक में करने के उपाय अमल में लाने की जरूरत है। क्षणिक लोभ के चक्कर में दूरगामी लक्ष्यों से समझौता करना उचित नहीं।

व्यक्तित्व के सर्वांगीण विकास के लिए यह भी बेदह जरूरी है कि आप समाज व लोगों की इच्छाओं-अपेक्षाओं की कद्र करें। ऐसा कोई कृत्य न करें, ऐसा कुछ न बोलें जिससे दूसरों की भावनाओं को ठेस लगे। दूसरों के प्रति सहानुभूति व अपनेपन की भावना से ही आप लोगों को जीत सकते हैं। मशहूर शायरा श्रीमती अंजुम रहबर के शब्दों में—

'हाथ यूँ हाथ में नहीं मिलता
मुफ़्त सौगात में नहीं मिलता
प्यार मिलता है प्यार से आखिर
प्यार खैरात में नहीं मिलता।'

सकारात्मक विचारधारा के लोगों को समाज में सामंजस्य स्थापित करने में कोई अड़चन नहीं होती। यदि हम अपने जीवन से विरोधाभासों को तिरोहित करने में कामयाब हो जाएँ तो यह सामंजस्य और भी बेहतर हो सकता है।

हमारी कथनी व करनी में अंतर भी विरोधाभास का ही एक रूप है। इस पर काबू करने की आवश्यकता है।

व्यक्तित्व विकास के प्रति निरंतर सजग रहकर आप सफलता व उपलब्धियों के क्षितिज पर अपने वर्चस्व के सुनहरे हस्ताक्षर कर सकते हैं। व्यक्तित्व में श्रेष्ठता से आपका, आपके परिवार व संपर्क क्षेत्र का तो भला होगा ही, आप और बेहतर सुंदर व सभ्य समाज निर्मित करने में अपना बेशकीमती योगदान देंगे। श्रेष्ठ और सक्षम मनुष्यों से भरी-पूरी दुनिया अनेक मायनों में 'स्वर्ग' होगी।

बबूल के पौधे लगाने से उनपर कभी भी आम नहीं लग सकते। दूसरों के सुख की हम चिंता करें तो अपने आप ही हमें सुख मिलेगा। इस संसार में हम जो भी दूसरों को देते हैं, वही हमें वापस मिलता है। कई बार कई गुना अधिक मात्रा में।

आत्मप्रशंसा से बचना चाहिए, क्योंकि इसका कोई महत्त्व है। वैसे भी दूसरे भला क्यों हमारी (आत्म) प्रशंसा सुनने को राजी होंगे।

यह एक तथ्य है कि प्रत्येक व्यक्ति को अपना 'नाम' सुनना व पढ़ना अच्छा लगता है। अतः हमें जहाँ तक संभव हो, दूसरे व्यक्तियों को 'नाम' से ही पुकारना/संबोधित करना चाहिए और नाम से ही पत्राचार करना चाहिए। हम अपना संसार स्वयं निर्मित करते हैं। यदि हम दूसरों की मदद करेंगे तो दूसरे भी हमारी मदद करेंगे। अशुभ कार्य को जितना टाल सकें, टालना चाहिए, क्योंकि हो सकता है कि हमारे विचार ही बदल जाएँ या परिस्थितियों में ही परिवर्तन हो जाए, फलस्वरूप हम अशुभ कार्य करने से बिल्कुल ही बच जाएँ।

स्मरण रखिए हमारे द्वारा किए गए अच्छे कार्य हमारा आत्मविश्वास बढ़ते हैं जबकि जहाँ भी हम अपनी कमजोरियाँ साथ लेकर चलते हैं, वहाँ निश्चित ही हमारा आत्मविश्वास डाँवाडोल रहता है।

□

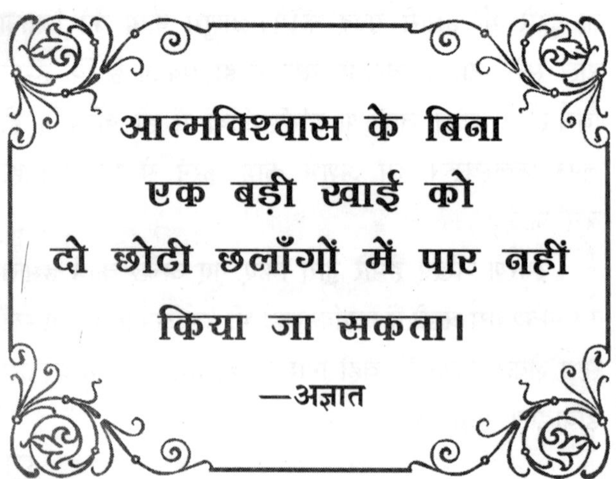
आत्मविश्वास के बिना
एक बड़ी खाई को
दो छोटी छलाँगों में पार नहीं
किया जा सकता।
—अज्ञात

7

आत्मविश्वास आत्मा का आश्रय

कभी अपना सिर न झुकाएँ। इसे सदैव ऊँचा रखें। विश्वास भरी आँखों से दुनिया को देखें।

–हेलेन केलर

आत्मविश्वास हमारी आत्मा का आश्रय है, कुछ करने की प्रेरणा है, कुछ पाने का प्रोत्साहन है। सफलता और आत्मविश्वास का एक गहरा आपसी संबंध है और वे एक-दूसरे के पूरक हैं। छोटे-से-छोटे काम में सफलता के लिए हममें आत्मविश्वास का होना बहुत जरूरी होता है और हमारे आत्मविश्वास को बढ़ाने में छोटी-से-छोटी सफलता

उतनी ही सहायक होती है।

- "अपने दृढ़ आत्मविश्वास के चलते ही महात्मा बुद्ध ने अंगुलिमाल जैसे क्रूर आतंकी को साधु बना दिया था।"

आत्मविश्वास की कमी से हममें असुरक्षा और हीनता का आभास होता है। अगर हमारा आत्मविश्वास कम हो तो हमारा रवैया नकारात्मक रहता है और हम तनाव से ग्रस्त रहते हैं। नतीजतन हमारी एकाग्रता भी कम हो जाती है और हम निर्णय लेते समय भ्रमित और गतिहीन से हो जाते हैं। इससे हमारा व्यक्तित्व पूरी तरह से खिल नहीं पाता। ऐसे में सफलता तो कोसों दूर रहती है।

आत्मविश्वास की कमी के दुष्परिणाम जान लेने के पश्चात् यह हमारा फर्ज बनता है कि हम इसे बढ़ाने के कदम उठाएँ, क्योंकि हम सभी अपने कामों में सफलता चाहते हैं।

हर परिस्थिति एक व्यक्ति से कुछ अपेक्षा करती है और हर व्यक्ति की उस अपेक्षा को पूरा करने की अलग-अलग क्षमता होती है। अगर किसी स्थिति की अपेक्षा उसकी क्षमता से ज्यादा हो तो वह आत्मविश्वास की कमी महसूस क रता है और अगर उसकी क्षमता उस स्थिति की अपेक्षा पूरी करने के बराबर हो तो वह आत्मविश्वास से भरपूर महसूस करता है।

इसलिए आत्मविश्वास को कायम रखने के लिए हम यह साफ तौर पर देख सकते हैं कि एक तरफ तो हमें परिस्थितियों से जूझने की अपनी क्षमता को बढ़ना चाहिए और दूसरी ओर हमें दुर्गम परिस्थितियों की अपेक्षाओं को सँभालना सीखना चाहिए।

हम परिस्थितियों से जूझने की अपनी क्षमता कैसे बढ़ाएँ?

हमें सर्वप्रथम खुद को अपनी ही नजरों में उठना पड़ेगा। इसलिए हमें देखना पड़ेगा कि हम कभी अपने को किसी से कम न समझें और न ही किसी और के साथ अपना मूल्यांकन करें या करने दें। यह जान लें कि हम सब अपनी-अपनी जगह पर सही व पूर्ण हैं। और जब-जब हम अपनी तुलना किसी और से करते हैं तब-तब हम अपने साथ एक बहुत बड़ा अपराध करते हैं।

आत्मविश्वास को बढ़ाने की दिशा में एक और महत्त्वपूर्ण कदम होगा, जब हम स्वयं को मायूस कर देने वाले व्यक्तियों व नकारात्मक परिस्थितियों से कोसों दूर रखें, क्योंकि ये हमारे आत्मविश्वास को एकदम क्षीण कर देते हैं। इन सब के विपरीत हमें अपना उत्साह बढ़ाने के लिए खुद को सकारात्मक वैचारिक-संदेश देते रहना चाहिए कि मैं सबसे श्रेष्ठ हूँ, पूरा

हूँ, संपूर्ण हूँ। मुझमें कोई कमी नहीं है। मैं कोई भी कार्य करने में सक्षम हूँ। मैं सही हूँ।

कई बार स्वयं में आत्मविश्वास जगाने के लिए आत्मविश्वास से भरपूर व्यक्ति का अभिनय करना या उस जैसा बरताव करना काफी मददगार साबित होता है। एक आत्मविश्वास से प्रफुल्लित व्यक्ति के शारीरिक संकेत कुछ खास होते हैं। उसके चेहरे के हाव-भाव विश्रामपूर्ण होते हैं जिससे आत्मविश्वास और प्रभावोत्पादकता झलकती है। उसकी शारीरिक क्रिया आरामदायक सहज व शांत होती है। उसकी दृष्टि सीधी, ध्यानपूर्ण, रुचिपूर्ण और प्रभावशाली होती है। उसकी आवाज सुरीली व आसानी से सुने जाने की सीमा तक ऊँची होती है।

कहते हैं पहली छाप ही आपकी अंतिम छाप होती है। इसलिए हमें अपनी बाहरी वेशभूषा, बरताव इत्यादि को ठीक-ठाक रखना चाहिए जिससे कि अन्य व्यक्ति पर अच्छा प्रभाव पड़े। हमें निरंतर अपने सामान्य-ज्ञान को बढ़ाते रहना चाहिए। इन सभी उपरोक्त कदमों से हम खुद को अपनी ही नजरों में उठा पाएँगे और अगर इन सबके बावजूद हम कभी गलत हों तो हमें यह सोचना चाहिए कि क्या हुआ, अगर मैं गलत हूँ, मैं ऐसा ही हूँ। मुझे यही सही लगता है, क्योंकि मैंने अपने अनुभव से इसे ही सही जाना है।

- आत्मविश्वास में बहुत शक्ति होती है। आत्मविश्वास किसी भी परिस्थिति में उचित निर्णय लेने का साहस प्रदान करता है।
- जिस व्यक्ति में आत्मविश्वास होता है, वह अपने सामने आने वाले हर अच्छे अवसर को पहचान लेता है, और पूर्ण निष्ठा से कार्य करते हुए अपने सपनों को साकार करता है।
- ईश्वर हमें सदैव जीवन में आगे बढ़ने का अवसर प्रदान करता है, परंतु जिसमें अपनी योग्यता का विश्वास न हो, उसके हाथ से अवसर निकल जाता है।

कुछ और कदम भी हैं, जो हम अपनी जूझने की क्षमता को बढ़ाने के लिए उठा सकते हैं। जब हम अपने को विलक्षण व कठिन परिस्थितियों में पाते हैं तब उनसे भाग जाने की बजाए हमें उनका डटकर मुकाबला करना चाहिए। हमें अपने को हमेशा प्रशिक्षित करते रहना चाहिए, जिससे हम अपने ज्ञान में लगातार वृद्धि करते रहें। हम सब में एक प्रतिभा छिपी रहती है और हमारा उद्देश्य होना चाहिए कि हम वह खोजें व उभारें।

आत्मविश्वास बढ़ाने की प्रक्रिया कोई रातो-रात संपन्न नहीं होती, बल्कि धीरे-धीरे नन्हे-नन्हे कदमों को मिला-मिलाकर बनती है, इसलिए हमें धीरे-धीरे अपने को कठिन

परिस्थितियों से सामना करवाकर और उन पर विजय पाकर आगे बढ़ना होगा। कई बार हम विफल होंगे मगर हमें हार माने बिना फिर भी उसी पथ पर चलते रहना पड़ेगा।

- अवसर एक वरदान होता है जो जीवन में बार-बार नहीं आता है। अतः उसके स्वागत के लिए सदैव तैयार रहना चाहिए और पूर्ण आत्मविश्वास और निष्ठा के साथ सामने आए हुए अवसर का लाभ उठाना चाहिए।
- दूसरे हम पर तभी विश्वास करेंगे, जब हम में आत्मविश्वास होगा।

कई बार हम जब कोई कार्य कर रहे होते हैं तभी हम अपना मूल्यांकन करने लगते हैं और अपनी क्षमताओं पर संदेह करने लगते हैं। हमें यह प्रवृत्ति छोड़ देनी पड़ेगी, क्योंकि इससे हमारा आत्मविश्वास टूट जाता है। इसलिए सिर्फ कार्य करें, उसके बारे में सोच-सोचकर व्यर्थ समय न नष्ट करें। इन सब कदमों से हमारे आत्मविश्वास में बढ़ोतरी होती है।

कई बार तनाव व बेचैनी को सँभालने की तक नीक काफी लाभप्रद होती हैं जैसे कि शारीरिक तनाव कम करने की तकनीक, गहरे साँस लेने की तकनीक, बुरे परिणामों के बारे में न सोचने की आदत, हर परिणाम में कुछ अच्छा ही देखना, डर से न डरना—क्योंकि डरना इतनी बुरी बात

भी नहीं है, हम अपने डर पर विचलित होने के बदले यदि उसे ग्रहण कर लें तो उस पर अपनी पकड़ बना सकते हैं।

कुछ और मददगार तकनीकें हैं जैसे कि बेचैनी होने पर भी उसे दूसरों को जाहिर न होने दना, अपने जीवन के अच्छे पलों को याद करते रहना और जो सबसे महत्त्वपूर्ण है—अभ्यास, अभ्यास, अभ्यास।

आत्मविश्वास में सेंध न लगने दें

इस तरह हम दुर्गम परिस्थितियों से जूझने की क्षमता को बढ़ाकर अपने आत्मविश्वास को बढ़ा सकते हैं। हम इन परिस्थितियों की अपेक्षाओं को किस प्रकार बखूबी सँभालें जिससे हमारे आत्मविश्वास में सेंध न लगने पाए। सबसे पहले हमें अनुपयुक्त और असंगत अपेक्षाओं को कम करने की ओर ध्यान देना चाहिए।

यह तभी संभव है जब हम पूर्णतावादी बनना बंद करें। हमें यह समझ लेना चाहिए कि हम हर काम पूर्णता व पराकाष्ठा से नहीं कर सकते, क्योंकि हम कोई भगवान् नहीं हैं और ऐसा ध्येय रखना अपनी शक्तियों पर बेवजह जोर डालना होगा। हमें औरों को बेवजह हर समय प्रभावित करना व उनकी वाहवाही लूटने की चाह को भी छोड़ना पड़ेगा। कई बार किसी-किसी को न कहने की या मना करने की

आदत डालनी पड़ेगी। हम हर वक्त हर कहा गया काम करने में जुट जाएँ तो एक काम भी ढंग से पूरा नहीं कर पाएँगे और नतीजा होगा—आत्मविश्वास में सेंध।

फिर कई बार हम कुछ अपेक्षित कठिन परिस्थितियों के लिए अग्रिम या पहले से ही योजना बनाकर उनके लिए तैयार रहें तो भी हमारा आत्मविश्वास अडिग रह सकता है। कुछ गैर जरूरी कामों को या ऐसे कामों को जिन्हें अन्य व्यक्ति बखूबी कर स्कते हैं, औरों को सौंपकर अपनी अपेक्षाओं पर काबू में रखा जा सकता है। इन सब कदमों के अलावा हम अपने विचारों में यह हमेशा अपने को याद दिलाते रहें कि अपनी तरफ से प्रयास सर्वोत्तम रखें और बाकी ईश्वर पर छोड़ दें।

आत्मविश्वास की कुंजी

आत्मविश्वास वह हथियार है जिसके द्वारा हम बड़े से बड़ा कार्य आसानी से कर सकते हैं अर्थात् बड़ी-से-बड़ी सफलता प्राप्त कर सकते हैं। जिसमें आत्मविश्वास की कमी नहीं है, वह जीवन में सफलताएँ अर्जित करता चला जाता है। आत्मविश्वास वह फौलादी किला है जिसके समक्ष हथियार बंद भी नि:सहाय हो जाते हैं। जब हम अपने आत्मविश्वास के साथ किसी कार्य में सफलता प्राप्त करते हैं तो आगे भी

वही आत्मविश्वास सफलता के लिए कार्य करता है। इस तरह हमारा आत्मविश्वास बढ़ता जाता है और वह हमारे लिए स्वाभाविक हो जाता है अर्थात् हमारा स्वभाव वैसा ही हो जाता है। इसलिए कहा जाता है कि उसमें गजब का आत्मविश्वास है; लेकिन कैसे? आत्मविश्वास कैसे प्राप्त किया जाता है?

आत्मविश्वास की कुंजी है आशावादी होना, निराशावादी नहीं। क्योंकि जहाँ सफलता प्राप्त करने की आशा होती है, वहीं उस कार्य को करने का आत्मविश्वास होता है। आशावादी होने पर मनुष्य में उत्साह, कार्यकुशलता, साहस आदि जैसे गुण स्वाभाविक रूप से आ जाते हैं, क्योंकि यही गुण मनुष्य में आत्मविश्वास को बढ़ाते हैं। इसके विपरीत निराशा अनेक दुर्गुणों को जन्म देती है। निराशावादी होने पर मनुष्य के मन में प्रायः किसी भी कार्य के करने के प्रति शंका बनी रहती है कि ''मैं यह कार्य कर पाऊँगा अथवा नहीं। इस कार्य को करने में न जाने कैसी-कैसी परेशानियाँ आएँ आदि। इस प्रकार की अनेक शंकाएँ उसे परेशान करती हैं। इन शंकाओं को गढ़ते-गढ़ते वह आसान कार्य भी नहीं कर पाता और छोटे-छोटे कार्यों से भी घबराने लगता है। यह उस मनुष्य के आत्मविश्वास की कमी को इंगित करते हैं और वह असफल होता है। उसके कदम लड़खड़ाते रहते हैं और वह गर्त की ओर जा पहुँचता है। अर्थात् वह भूल-भुलैया में ही

भटकता रहता है और जहाँ से प्रारंभ करता है, घूम-फिरकर फिर वहीं पहुँच जाता है।"

यह कमी उन लोगों में पाई जाती है जो निकम्मे, नकारा और अनाज के कीड़े होते हैं, जो लोग न तो सफलता पाना चाहते हैं, न उसे पाने का मार्ग ही जानते हैं। वे लोग धरती के बोझ होते हैं, क्योंकि वे अपने वातावरण को भी प्रभावित कर सकते हैं, खुद तो प्रभावित रहते ही हैं। वे केवल लेते-ही-लेते हैं, किसी को कुछ देते नहीं हैं। देने का तात्पर्य वह ऐसा कार्य नहीं कर पाते हैं जो दूसरों के लिए प्रेरणा का कार्य करें। लेने का अर्थ है कि वे केवल दुर्गुणों को ही लेते हैं, दूसरों की सफलता से भी वे कुछ नहीं सीख पाते हैं। धीरे-धीरे वे नष्ट होते जाते हैं और इस संसार में उनका नाम तक लेनेवाला नहीं बचता। लेकिन इसके दूसरे पहलू को देखा जाए तो आत्मविश्वासी लोग स्वयं तो सफल होते ही हैं साथ ही इस दुनिया में दूसरों के लिए अपने कार्यों के रूप में प्रेरणा छोड़ जाते हैं और उन प्रेरणाओं को केवल वे ही ग्रहण करते हैं जिनमें सफलता प्राप्त करने की ललक होती है।

बहुत सी बार हम लोगों ने देखा होगा कि मेलों में लोग मौत के कुएँ में मोटर साइकिल चलाते हैं। कैसे? आत्मविश्वास के कारण कई लोग मौत के कुएँ में स्वयं को आग की भेंट चढ़ाकर छलाँग लगाते हैं। कैसे? क्योंकि उनमें पूर्ण आत्मविश्वास

होता है कि वह यह कार्य अवश्य कर लेंगे।

कई बार आपने देखा होगा, सरकस में एक व्यक्ति शेर के पिंजरे में खड़ा केवल एक हंटर हाथ में लिये हुए खतरनाक शेरों से करतब करवाता है, आत्मविश्वास के कारण। इसी आत्मविश्वास के कारण उन लोगों में साहस का संचार होता है और वे ऐसे रोमांचक कारनामे करते हैं जिन्हें देखकर वे लोग आश्चर्य से भर जाते हैं जिनमें आत्मविश्वास की कमी होती है। परंतु सच यह है कि हम, आप भी यह कार्य कर सकते हैं, क्योंकि वह भी हम, आप ही की भाँति आम इनसान हैं। हम अपने अंदर आत्मविश्वास का संचार करके यह सब कर सकते हैं।

कभी-कभी ये रोमांचक कारनामे करने वाले भी मात खा जाते हैं; लेकिन जब उनका आत्मविश्वास डगमगा जाता है तभी उनके साथ कोई दुर्घटना होती है। अतः आवश्यकता इस बात की है कि हम अपने आत्मविश्वास को हमेशा बनाए रखें, जिससे केवल सफलता ही प्राप्त करें।

जयशंकर प्रसाद के शब्दों में,

- "मनुष्य को अपने व्यक्तित्व में पूर्ण विकास की क्षमता होनी चाहिए। उसे बाहरी सहायता की आवश्यकता नहीं।"

अतः यह क्षमता मनुष्य में कैसे उत्पन्न हो सकती है?

केवल आत्मविश्वास से। अपनी शक्ति को पहचान कर यदि हम कार्य करते हैं तो हमें बाहरी सहायता की आवश्यकता नहीं होती।

जयशंकर प्रसाद ने अपने एक नाटक में कहा है कि—

- ''प्रकृति के दास मनुष्य को आत्मसंयम, आत्मशासन की पहली आवश्यकता है। नहीं तो वह प्रमाद वश अनर्थ ही करता है।''

अर्थात् मनुष्य को अपने आत्मशासन को, अपने आत्मविश्वास को जगाना चाहिए, जिससे वह उत्साह से कार्य कर सफलता प्राप्त करे अन्यथा वह निराशा में ऊटपटाँग कार्य करने लगता है जो उसे असफलता की ओर धकेलते हैं।

बहुत-से लोग आपको ऐसे मिल जाएँगे जिनके मुँह से ऐसे शब्द सुनने को मिलेंगे कि ''मैं यह नहीं कर पाऊँगा, यह काम बहुत मुश्किल है; इसे करने में यह परेशानी आएगी; वह होगा, यह हो सकता है।'' ऐसा कौन लोग कहते हैं? केवल वही जिनमें आत्मविश्वास की कमी होती है। ऐसे लोग वास्तव में जीवन में कुछ नहीं कर पाते। ये लोग यदि सफल होना चाहते हैं तो अपनी जिम्मेदारी को समझ कर कार्य प्रारंभ करें। जब वे उत्साह एवं साहस से कार्य करेंगे तो स्वयं कहेंगे, ''यह कार्य तो मैं बहुत कठिन समझता था, लेकिन यह तो मैंने कर लिया।'' जिस दिन मनुष्य यह समझ लेता है, वह

उसके जीवन का सुनहरा पल होता है, क्योंकि वह अपने आत्मविश्वास को पा लेता है। एक बार आत्मविश्वास को पाने के पश्चात् दिन-प्रतिदिन उसका आत्मविश्वास बढ़ता जाता है और तब वह किसी भी कार्य को असंभव नहीं पाता। अतः मन में कार्य को करने का विश्वास होना जरूरी है।

हम किसी भी सफल व्यक्ति के जीवन पर दृष्टि डालें तो पाएँगे कि उसकी सफलता के पीछे उनका आत्मविश्वास कार्य करता है। वह किसी भी कार्य को करने पर अपने मन में शंका उत्पन्न नहीं होने देता, केवल उनके मन में यह दृढ़ विश्वास होता है कि उसे इस कार्य में सफलता प्राप्त करनी है।

जिसे अपनी छिपी हुई शक्ति प्राप्त हो जाती है वह यह जानता है कि अब वह जो भी कार्य करेगा उसमें अवश्य सफल होगा। वह इस बात की कभी चिंता नहीं करता कि इस कार्य को करने पर क्या-क्या परेशानियाँ उत्पन्न होंगी? लोग क्या कहेंगे? इत्यादि… बस उसे एक ही धुन सवार होती है कि उसे सफल होना है। उसके इस अडिग आत्मविश्वास के समक्ष उसके साथी, उसके आलोचक, उसके दुश्मन भी झुक जाते हैं अथवा उसके साथी बन जाते हैं।

एक बार की बात है—स्ट्रीवन, जो कि न्यायप्रिय, नीति-निपुण व्यक्ति था, के पास एक व्यक्ति ने आकर पूछा कि

"यदि कोई आप पर आक्रमण करे तो आप क्या करेंगे?" स्ट्रीवन ने प्रत्युत्तर दिया कि "मैं कुछ नहीं करूँगा।" यह सुनकर उस व्यक्ति को बड़ा आश्चर्य हुआ। वह बोला, "ऐसा क्यों कि आप कुछ नहीं करेंगे?" स्ट्रीवन ने कहा, "मेरा किला बहुत सुरक्षित है। वह फौलादी दीवारों का बना है। उसे कोई भी भेंद नहीं सकते। इसलिए मैं कुछ नहीं करूँगा।"

वह व्यक्ति पुनः विस्मित होकर बोला, "आपका किला! आपने किला बनवाया? कहाँ है आपका किला?"

स्ट्रीवन ने कहा, "अरे भई मेरा आत्मविश्वास मेरा किला है जो बहुत कम लोगों के पास होता है और जिसके पास आत्मविश्वास रूपी किला होता है, वह कभी भी स्वयं को असुरक्षित अनुभव नहीं करता। वह सर्वथा सुरक्षित रहता है। अतः कोई भी मुझ पर आक्रमण नहीं कर सकता।"

जब उस व्यक्ति ने स्ट्रीवन के आत्मविश्वास को देखा तो वह उसके समक्ष नतमस्तक हो गया। वास्तव में वह व्यक्ति विपक्षी सेना का सरदार था और स्ट्रीवन पर आक्रमण करने के लिए वहाँ आया था। परंतु स्ट्रीवन के आत्मविश्वास को देख वह बिना आक्रमण किए वहाँ से चुपचाप लौट गया।

अर्थात् आत्मविश्वास वह कार्य सहज कर देता जिसकी हमें आशा भी नहीं होती। मनुष्य का हवाई जहाज उड़ाना, रॉकेट उड़ाना, चंद्रमा पर पहुँचना आदि सभी कुछ आत्मविश्वास

के परिणाम हैं।

आत्मविश्वासी मनुष्य के चेहरे पर सफलता की कहानी स्पष्ट पढ़ी जा सकती है। उसका चेहरा खिला-खिला अलग ही दिखाई देगा। इसके विपरीत वह मनुष्य जिसमें आत्मविश्वास की कमी होगी, वह शंका और निराशाओं में घिरा हुआ दिखाई देगा। उसके चेहरे पर कभी भी सफलता की मुसकान नहीं होगी।

आत्मविश्वासी व्यक्ति की कद्र समाज में बढ़ जाती है। वे अन्य लोगों के लिए प्रेरणास्रोत बन जाते हैं। लोग उन्हें नायक के रूप में देखने लगते हैं। उनकी सफलता की कहानी किसी से छिपी नहीं रहती। अर्थात् वे लोगों के आदर्श बन जाते हैं, लेकिन किन लोगों के लिए? केवल उन लोगों के लिए जो स्वयं भी कुछ करना चाहते हैं, जीवन में सफलता प्राप्त करना चाहते हैं।

आत्मविश्वासी मनुष्य अपनी ओजस्वी वाणी के प्रभाव से लोगों को प्रभावित करते हैं। उनकी वाणी में वह उत्साह होता है जिससे वे दूसरों के मन में भी वही उमंग और जोश भरकर उन्हें अपना दास बना लेते हैं। ऐसे व्यक्तियों के विषय में असफल लोग कहते हैं कि "भई वही एक व्यक्ति है जो सभी कुछ कर सकता है। उसमें तो भई गजब का आत्मविश्वास है।"

गौतम और कुणाल दो भाई थे। दोनों एक ही कक्षा में

पढ़ते थे। दोनों पढ़ने में अच्छे थे। परीक्षा के लिए दोनों ने बहुत तैयारी की और दोनों को पूर्ण विश्वास था कि दोनों ही प्रथम आएँगे। परीक्षा के दिन समीप आए। अचानक किसी शंका को लेकर कुणाल का आत्मविश्वास डगमग गया। वह गौतम से बोला कि "लगता है मैं परीक्षा में उत्तीर्ण नहीं हो पाऊँगा।"

गौतम ने कहा कि "तुम्हें ऐसा क्यों लगता है?" कुणाल ने कहा, "मुझे ऐसा लग रहा है बस।"

परीक्षोपरांत दोनों का परिणाम आया। गौतम तो प्रथम आया, जबकि कुणाल उत्तीर्ण तक नहीं हो सका। क्यों? क्योंकि उसने अपनी धारणा ही ऐसी बना ली थी कि वह उत्तीर्ण नहीं हो सकेगा। तात्पर्य यह हुआ कि जब तक किसी कार्य के प्रति हमें विश्वास नहीं होता, हम उसमें सफल नहीं हो सकते। विश्वास न होना ही आत्मविश्वास की कमी है। यह जानते हुए भी कि हम उस कार्य को भली-भाँति करना जानते हैं, आत्मविश्वास के बिना हम उस कार्य में सफल नहीं हो सकते।

जब कोई व्यक्ति किसी डॉक्टर के पास जाता है और डॉक्टर उसे चार-पाँच रंग-बिरंगी गोलियाँ, इंजेक्शन आदि देकर ठीक कर देता है तो मरीज भी सोचता है कि डॉक्टर ने उसे तुरंत ठीक कर दिया। इसके पश्चात् वह बीमार होने पर हर बार उसी डॉक्टर के पास जाता है। लेकिन इसके

पीछे उसका आत्मविश्वास अधिक काम करता है। यदि वह गलत धारणा बना ले कि उस डॉक्टर ने उसे ठीक नहीं किया तो उसका रोग-मुक्त होना भी संदिग्ध हो जाता है। अर्थात् जब तक मरीज को आत्मविश्वास नहीं होगा तब तक उसका ठीक होना भी संदिग्ध ही रहेगा और थोड़ा बीमार होते हुए शंकाओं से घिर कर वह अपने को और अधिक बीमार कर लेगा। डॉक्टर भी इस प्रकार के मरीज को ठीक नहीं कर सकते, क्योंकि उस मरीज के मन में तो शंका समाई होती है कि वह ठीक नहीं हो सकता। किंतु आत्मविश्वास के कारण बड़े से बड़े रोग पर काबू पाया जा सकता है।

वे व्यक्ति जिन्हें अपनी योग्यता पर विश्वास नहीं होता, स्वयं तो दिग्भ्रमित होते ही हैं, दूसरों को भी प्रेरणा देने के विपरीत हतोत्साहित करते हैं कि "मैं इस कार्य को नहीं कर पाया। इसमें तो अनेक कठिनाइयाँ हैं।" यह सुनकर दूसरे लोग भी हतोत्साहित हो जाते हैं। उनमें भी आत्मविश्वास की कमी आ जाती है। ऐसे लोग स्वयं के लिए तो घातक होते ही हैं, समाज के लिए भी घातक होते हैं।

किसी भी कार्य में विशेषज्ञता प्राप्त करने के लिए उस कार्य का विशेषज्ञ बनना आवश्यक है, तभी हम भीड़ में अलग पहचान बना सकते हैं। अपनी योग्यता को पहचान कर उसका सदुपयोग करना चाहिए जिससे कि आत्मविश्वास के साथ

कार्य किया जा सके और सफलता हासिल की जा सके। केवल इधर-उधर ध्यान भटकाने, ठीक ढंग से कार्य न करने से असफलता ही मिलती है।

आत्मविश्वास वह गुण है जो एक व्यक्ति को स्वयं में पैदा करना पड़ता है। आत्मविश्वास प्राप्त करने के लिए बाजार में किसी भी प्रकार की टेबलेट या कैप्सूल नहीं मिलता कि बाजार गए, खरीदा, उसे खा लिया और आत्मविश्वास मिल गया। नहीं। आत्मविश्वास प्राप्त करने की कुंजी है दृढ़ निश्चय। जब हम दृढ़ निश्चय से सोच लेते हैं कि हाँ, हम यह कर सकते हैं; तब अवश्य ही आप उसे कर सकते हैं, क्योंकि वह वाक्य आप नहीं आपका आत्मविश्वास बोलता है। बस, प्राप्त कर लिया आपने आत्मविश्वास! और मिल गई आपको सफलता।

हरीश, राकेश, सूरज और आर्थर-चार युवकों ने निर्णय लिया कि साइकिलों से लंबी यात्रा की जाए। विचार-विमर्श के बाद निर्णय हुआ कि दुनिया की सबसे ऊँची सड़क 'खरदुंगला' (लेह, जम्मू-कश्मीर राजमार्ग तक की साइकिल यात्रा झाँसी, श्रीनगर, कारगिल, लेह राजमार्ग से होकर की जाए। यह मार्ग आतंकवाद ग्रस्त भी है। लेकिन फिर भी इसी मार्ग से जाना निश्चित हुआ। लक्ष्य अत्यंत कठिन था साथ ही दुर्गम मार्ग पर आतंकवाद का गहरा संकट। निश्चित दिन

साइकिल यात्रा प्रारंभ हुई। मार्ग में जो भी सुनता कि किस मार्ग से जा रहे हैं तो यही कहता कि 'क्यों मौत के मुँह में जा रहे हो' और आतंकवाद का भय पैदा कर उनका आत्मविश्वास डगमगाने का प्रयास करता। लेकिन वे यात्रा करते हुए वैष्णो देवी (कटरा) तक पहुँचे।

दर्शनोपरांत आगे की रणनीति तय की गई, क्योंकि जम्मू से आगे का मार्ग खतरनाक था। वार्त्तालाप में सूरज व आर्थर के विचार स्पष्ट झलक रहे थे कि वहाँ से घर वापसी की जाए और खतरा न उठाया जाए। लेकिन अन्य दो युवक हरीश और राकेश ने निर्णय सुनाया कि 'वे लक्ष्य पूरा करके ही वापस लौटेंगे; जिसे लौटना हो, वह लौट सकता है।' अंततः आगे बढ़ने का निर्णय हुआ। यात्रा पुनः प्रारंभ हुई। यहाँ से पर्वतीय राष्ट्रीय राजमार्ग पर आगे बढ़ते हुए वे श्रीनगर पहुँचे।

श्रीनगर में भी लोगों ने उन्हें हतोत्साहित किया कि 'तुम लोग ऐसे मार्ग से जा रहे हो जहाँ बूढ़ी-बड़ी गाड़ियों के हौसले पस्त हो जाते हैं। फिर साइकिल से उन खतरनाक चढ़ाइयों को कैसे पार करोगे और कहाँ रुकोगे? अगर आतंकवादियों ने टपका दिया तो बस हो गई यात्रा। इसलिए घर लौट जाओ और आराम से रहो।'

लेकिन हरीश और राकेश के समक्ष आर्थर और सूरज का आत्मविश्वास भी प्रेरणा से भर गया। आगे मार्ग में फौजियों

ने उन्हें देखकर दाँतों तले उँगली दबा ली कि ऐसा साहस करके ऐसे दुर्गम और खतरनाक मार्ग से आप लोग जा रहे हैं जहाँ अगले पल का पता नहीं कि कहाँ से आतंकवादी आ जाएँ और अंधाधुंध गोलियाँ चलाना प्रारंभ कर दें।

आगे एक गाँव में रात्रि होने लगी। एक छोटा सा गाँव जिसमें मुश्किल से 50–60 घर थे। रुकने का कोई ठिकाना नहीं मिला। खुले में रात्रि व्यतीत करना मौत को दावत देना था। सभी विचार–विमर्श करने लगे कि क्या किया जाए? खुले आसमान के नीचे सोने का तात्पर्य होता आतंकवादियों का चारा बनना। अंततः एक घर में शरण मिली। रात्रि में अचानक उस शरण स्थल पर धड़धड़ाते हुए दस–बारह लोग चढ़े। वहाँ लकड़ी के मकान होते हैं। घुप्प अँधेरा! मोमबत्ती की रोशनी में वे खतरनाक लोग दिखाई दे रहे थे। सभी की साँसें रुक गईं कि अब क्या होगा? लेकिन उनके दृढ़ आत्मविश्वास से उनका कुछ अहित नहीं हुआ।

प्रातःकाल उन चारों में से सूरज की तबीयत खराब हो गई। तबीयत अधिक बिगड़ने पर उसे वापस घर पहुँचाया गया। अब तीनों आगे बढ़े। आगे आतंकवाद का खतरा कम हुआ। दुर्गम चढ़ाई का खतरा प्रारंभ हुआ। जैसे–तैसे वे लोग लेह पहुँचे। लेह में ऊँचाई के कारण ऑक्सीजन की कमी। सड़कें चुंबकीय प्रभाव से पूर्ण! साइकिलें भारी चलें। वे लोग

लेह में एक जगह रुके। अब लेह से 39 कि.मी. और आगे खरदुंगला पहुँचना था, जो कि खड़ी चढ़ाई वाला मार्ग था; बिलकुल सुनसान। सुबह उन्होंने पुनः अपने लक्ष्य की ओर प्रस्थान किया। अभी वे एक किलोमीटर ही आगे बढ़े थे कि आर्थर की साँसें उखड़ने लगीं। वह भी वहाँ से वापस लेह लौट गया। अब बचे हरीश और राकेश; वे आत्मविश्वास से भरे आगे बढ़ते रहे और इस दुर्गम चढ़ाई को उन्होंने बैठते-चलते बारह घंटों में पूर्ण कर अपना लक्ष्य खरदुंगला प्राप्त किया। लोगों के लिए वे लोग अजूबे से कम नहीं थे, क्योंकि इस लक्ष्य तक साधारण साइकिलों से उनसे पहले तक कोई नहीं पहुँचा था। वे दोनों ही विश्व के पहले व्यक्ति थे। यह यात्रा वर्ष 2000 के जून माह में झाँसी, उत्तर प्रदेश से इन चार युवकों ने की थी। जिसमें दो को सफलता प्राप्त हुई थी।

दृढ़ आत्मविश्वास के कारण ही हरीश और राकेश अपने लक्ष्य तक पहुँचे। यदि उनमें भी आत्मविश्वास की कमी होती तो अन्य दो कि भाँति वे भी वापस घर लौट जाते।

मनुष्य में इतना आत्मविश्वास होना चाहिए कि वह स्वयं को किसी से कम न समझे। लेकिन यहाँ आत्मविश्वास की बात है अभिमान की नहीं। अभिमान नहीं होना चाहिए कि "मैं ही हूँ बस दूसरा कोई नहीं।"

आपमें कितना आत्मविश्वास है, यह आपके चेहरे से स्पष्ट हो जाना चाहिए। आत्मविश्वासी मनुष्य का चेहरा प्रायः खिला व प्रसन्न रहता है, जबकि जिसमें आत्मविश्वास नहीं होता उसका चेहरा मुरझाया हुआ रहेगा। वह स्वयं को सबसे छिपाता फिरेगा कि किसी ने कोई काम के लिए कह दिया और वह कार्य नहीं कर पाया तब क्या होगा। वह दब्बू किस्म का दिखाई देगा। मन में भय नहीं होना चाहिए।

कवि सुब्रमण्यम भारती के शब्दों में—

"उद्धार का एक मंत्र है रे मन,
गाज गिरे बिजली कड़के
लेशमात्र भी डरना मत
भय से नहीं है कोई लाभ
आत्मशक्ति स्वयं गणपति है
उसे पहचानो फिर भीति नहीं है।"

अतः चाहे जितनी भी बाधाएँ सामने आएँ तो आने देना चाहिए। मन में थोड़ा भी भय उत्पन्न नहीं होने देना चाहिए। बस आत्मविश्वास के साथ बाधाओं से भिड़ जाएँ। फिर स्वयं अनुभव होगा कि "वह कार्य तो बड़ा आसान था मैं तो उसे वैसे ही कठिन समझ रहा था।"

- "भय ही मूर्खता है। भयरहित अवस्था ही सच्चा ज्ञान है। विपदा आने पर डरने वाला मूर्ख है।

विपत्तियों के बीच में मन की स्थिरता और साहस के साथ उनका सामना करने वाला ज्ञानी है।''

भय मूर्खता है। भय से डरने पर भय और बढ़ता है। उससे लड़ने पर भय दूर भागता है। मन को स्थिर रखकर अपने आत्मज्ञान से विपदाओं को दूर भगाएँ। जो ऐसा करता है, वही सफलता प्राप्त करता जाता है। अब साहस भी कहाँ से प्राप्त करें? जब आप एक बार साहस करके कोई कठिन कार्य करते हैं तो आपका जितना साहस था, वह दुगना हो जाता है।

इस प्रकार आपका साहस बढ़ता जाएगा और आप कठिन-से-कठिन कार्य को आसानी से करते चले जाएँगे। जिस प्रकार काम ही काम को सिखाता है, उसी प्रकार साहस साहस को बढ़ाता है।

- ''जीवन दस गीयर की साइकिल के समान है। हम लोगों में बहुत से लोगों के पास इस प्रकार के गीयर हैं जिन्हें हम प्रयोग नहीं करते।''

इस प्रकार, सभी के अंदर आत्मविश्वास छिपा होता है, आवश्यकता है उसे पहचानने की। जो इसे पहचान लेता है वह सफल होता है। जीवन में कुछ कर जाता है।

मन में किसी कार्य को करने के लिए उस कार्य के प्रति एक कंल्पना, विचार आदि उत्पन्न होते हैं कि किस

प्रकार हम यह कार्य कर सकते हैं। अब ये विचार मन में कैसे आएँ? आत्मविश्वास से। जब तक किसी व्यक्ति में आत्मविश्वास नहीं होगा, उसके मन में उस कार्य की ठोस कल्पना नहीं बन सकती, जिससे वह उस कार्य को सुगमता से कर सके।

अतः आत्मविश्वास सफलता प्राप्त करने वाले मनुष्यों के लिए ब्रह्मास्त्र रूपी है। इस ब्रह्मास्त्र द्वारा मनुष्य बड़ी-से-बड़ी बाधाओं को सरलतापूर्वक दूर कर सकते हैं। लेकिन इस ब्रह्मास्त्र का प्रयोग वही कर सकते हैं जो जीवन में सफल होना चाहता है।

जो लोग सफलता प्राप्त नहीं कर पाते, वे केवल बहानेबाजी में लगे रहते हैं और अपनी असफलता का सारा दोष दूसरों पर मढ़ देते हैं कि वह ऐसा था इसलिए ऐसा हो गया, वह वैसा था इसलिए वैसा हुआ। और उतावलापन और निराशा उन्हें घेर लेते हैं। क्योंकि उनका बचा हुआ आत्मविश्वास भी वे खो चुके होते हैं और अपनी शक्ति पहचानते नहीं हैं। उसके अनुसार कार्य नहीं करते। बस यही कारण है कि वे कार्य को ठीक ढंग से नहीं कर पाते और असफल होते हैं।

जिस प्रकार एक चुंबक लौह धातु को अपनी ओर खींचती है उसी प्रकार मनुष्य भी अपनी शक्तियों के बल पर सफलता को प्राप्त करता है।

अमेरिका के पूर्व राष्ट्रपति अब्राहम लिंकन गुलामी प्रथा के प्रबल विरोधी थे और वे इस प्रथा को समाप्त करने के लिए प्रयासरत थे। इसके लिए उन्होंने प्रयास प्रारंभ किया। उन्होंने अमेरिकी सीनेट के समक्ष इस प्रथा को समाप्त करने के लिए प्रस्ताव प्रस्तुत किया। लेकिन अच्छे कार्य के समक्ष परेशानी आनी निश्चित थी। सभी लोग लिंकन के विरोध में खड़े हो गए। ऐसा प्रतीत होने लगा कि अब तो अब्राहम लिंकन को अपना राष्ट्रपति पद त्यागना पड़ेगा।

लेकिन ऐसा कुछ भी नहीं हुआ। अब्राहम लिंकन के आत्मविश्वास के समक्ष सभी को झुकना पड़ा। यहाँ यदि वे अपना आत्मविश्वास डगमगाने देते तो पता नहीं क्या होता?

अतः सफलता प्राप्त करने के लिए आत्मविश्वास का होना अत्यंत आवश्यक है। इसके द्वारा कठिन-से-कठिन परिस्थितियों पर भी विजय प्राप्त की जा सकती है।

- जीवन में सफलता चाहनेवालों में आत्मविश्वास अवश्य होना चाहिए।

□□□

मिनी Personality Development सीरीज

लक्ष्य एक छोटा सा बिंदु है, जिसके केंद्र में जीवन की सारी सफलताओं का स्रोत मौजूद है। इस बिंदु को लक्ष्य करके हर व्यक्ति अर्जुन की भाँति चिड़िया की आँख भेद सकता है। प्रस्तुत पुस्तक 'लक्ष्य' की ओर बढ़ते और बढ़ने के जिज्ञासुओं के लिए एक गाइड के रूप में काम आ सकती है।

प्रसन्नता मनुष्य का एक ऐसा गुण है, जो विपरीत परिस्थितियों में भी उसे सहज, सरल, सामान्य और रचनात्मक बनाए रखता है। तनामुक्त रहने, प्रसन्न और प्रफुल्लित रहने के व्यावहारिक सूत्र बताती एक जीवनोपयोगी पुस्तक।

नेतृत्व वही व्यक्ति कर सकता है, जिसका व्यक्तित्व प्रभावशाली हो, वाणी में आकर्षण हो, जिसकी तर्कशक्ति लोगों को लाजवाब कर दे। आपके भीतर छिपे लीडरशिप के गुणों को उभारकर सफल होने के गुर बतानेवाली पुस्तक।

दरअसल, सपने असल जिंदगी की वे योजनाएँ हैं, जिन्हें हम साकार करना चाहते हैं। आपने जो सपना देखा है, वह मूर्त रूप कैसे ले, उसके लिए क्या, क्यों और कैसे किया जाए—प्रस्तुत पुस्तक यह सब परत-दर-परत बताती है।

शिष्टाचार का जीवन में अहम स्थान है। शिष्टाचार द्वारा अनजान व्यक्ति भी समाज में सम्मान पाता है, वहीं शिष्टाचार रहित व्यक्ति परिजनों द्वारा भी दुत्कारा जाता है। प्रस्तुत पुस्तक व्यक्ति को शिष्टाचार युक्त बनाने की दिशा में अग्रसर करती है।

स्मरण-शक्ति बढ़ाने के लिए सरल सा नियम है—सरलता से उस विषय का दोहराव किया जाता रहे, फिर वह विषय स्थायी रूप से हमारे स्मृति-पटल पर दर्ज हो जाता है। स्मरण-शक्ति बढ़ाने के सरल उपाय बताती पुस्तक।

सकारात्मक सोच आदमी का वह ब्रह्मास्त्र है, जो उसके मार्ग की सभी बाधाओं को समाप्त कर सफलता का मार्ग प्रशस्त कर देता है। सकारात्मक सोच विकसित करने के सरल उपाय बताती पुस्तक।

अगर आपको ज्यादा-से-ज्यादा काम सौंपा जाता है तो यकीन मानिए, आप एक जिम्मेदार व्यक्ति हैं, क्योंकि जिम्मेदारी उसी को मिलती है, जो उन्हें निभा सकता है। सफलतापूर्वक जिम्मेदारी निभाने की क्षमता पैदा करनेवाली पुस्तक।

आत्मविश्वास वह सुरक्षा कवच है, जो हर तरह की बाधाओं के विरुद्ध आपकी रक्षा करता है, और सदैव आपको सफलता के मार्ग की ओर अग्रसर करता है। आत्मविश्वास विकसित करने की प्रेरणा देनेवाली पठनीय पुस्तक।

सफलता वह फल है, जो बहुत स्वादिष्ट है और हर कोई उसे चखना चाहता है; लेकिन यह चलकर झोली में आनेवाला फल नहीं है वरन् इस तक पहुँचने के लिए आपको कड़ी मेहनत करनी होगी। सफलता को पाने के व्यावहारिक सूत्र बताती लोकप्रिय पुस्तक।

समय-प्रबंधन में जरा भी कठिनाई नहीं है, प्रत्येक कार्य अपने तय वक्त पर किया जाए—समय पर सोकर उठना, नहाना, खाना, पढ़ाई, बाकी सारे काम निबटाना। जो व्यक्ति समय को नष्ट करता है, समय ही उसे नष्ट कर देता है। दरअसल, समय-प्रबंधन ही जीवन-प्रबंधन है। टाइम मैनेजमेंट की बेजोड़ पुस्तक।

इच्छाशक्ति मनुष्य की वह अप्रतिम शक्ति है, जो पहाड़ों के सीने चीरकर उनमें से नदियाँ बहा सकती है। प्रस्तुत पुस्तक सोई हुई इच्छाशक्ति को जगाकर लक्ष्य-प्राप्ति, सफलता और जीवन के तमाम अभीष्ट पाने का मार्ग बताती है।